¿VIVIENDO O SOBREVIVIENDO A MI PAREJA?

*Claves para tener una relación
feliz y duradera*

Dr. Adrián Salama

Adrian Salama

*Que este libro te traiga tanta felicidad como
lo ha hecho mi esposa en mi vida*

¿VIVIENDO O SOBREVIVIENDO A MI PAREJA?

Claves para tener una relación feliz y duradera

Dr. Adrián Salama

ÍNDICE

INTRODUCCIÓN

"Amar es encontrar en la felicidad ajena tu propia felicidad"
-Gottfried Leibniz

Una de las sociedades más complejas es la relación de pareja, el tener que pasar de pensar de manera individual, para en este caso llegar a hacerlo en un bien común para dos, es algo que no todos aprendemos a hacerlo. Muchas veces este tipo de pensamiento llega luego de un tiempo, en el cual la persona pudo alcanzar la madurez necesaria.

Algo que quiero que tengas muy en cuenta, es que mis apreciaciones son hechas para una vida en pareja, independientemente de que esta sea un noviazgo o un matrimonio, por esto no voy a ser énfasis en el tipo de relación como tal, lo hago de manera general para que todo aquel que tenga la misma inquietud pueda acondicionar su caso a esta presentación.

Todos hemos sido testigos de situaciones donde una persona, más que todo hombre, se dedicaron a pasiones de momentos en su etapa juvenil, haciendo que estos tuvieran una conducta irresponsable y egoísta, en donde tuvieron una o más relaciones sentimentales fallidas, por esta razón.

Luego llegó un momento donde sentaron cabeza y al fin pudieron formar un hogar con alguna pareja a la que si llegaron a corresponder tal como está merecía. Lo lamentable en este tipo de situaciones es el precio que otros tuvieron que pagar por la falta de enfoque de estas personas irresponsables.

Igualmente ocurre un proceso de adaptación que es complejo, así exista en ambas partes la madurez respectiva. Esto fundamentalmente se debe al sistema de crianza y origen de cada uno de los componentes de esta pareja. Es algo de lo que nosotros tenemos que ser conscientes y por lo tanto saber adaptarnos y colaborar con aquella persona que nos acompañará, a partir del momento que con ella acordamos.

Precisamente mis aspiraciones con este contenido es el de ayudar a todo aquel que requiera alguna orientación con respecto a la mejor manera de llevar una vida de pareja. Los hechos que han ocurrido a mí alrededor, así como los 17 años de llevo consultando parejas y me han motivado a elaborar este contenido.

De haber pasado por diversas etapas en mi vida, donde muchas veces cedí cuando no se debía y otras veces exigí cuando tampoco era el momento. Me hicieron falta muchas veces alguna palabra de aliento cuando en alguna diferencia o conflicto de pareja me vi envuelto y por diversos factores, tuve que resolver solo al final.

No quiero que esto te pase a ti o a cualquiera que pueda tener la posibilidad de leer y analizar mi exposición, hacen falta muchas veces las palabras de algún amigo o allegado, que de una forma discreta pueda presentar, a través de sus anécdotas y experiencias, sus conocimientos para nosotros tener más facilidad de poder escoger el camino que más nos conviene.
Otras veces puede llegar a tocarnos una decisión sumamente compleja, cuando hay que decidir si continuar con una persona, a la cual se quiere, u optar por tomar caminos separados.

No es nada fácil para nadie el tener que decidir sobre algo de esta magnitud.

Los orígenes pueden llegar a ser diversos, pero te puedo decir que principalmente se deben a cuando no se llega a adoptar la proyección en pareja para un mismo futuro. Si los intereses de las dos partes van por caminos distintos, es momento de que te sientes a reflexionar con esa persona que te acompaña.

Fundamentalmente debes entender que la manera de pensar debe modificarse, no debe haber imposiciones de ninguna parte, y por supuesto tampoco la permisibilidad de una manera incondicional, en todas partes hay reglas que cumplir y en este caso no va a ser la excepción.

También debemos considerar el aspecto sexual, que es uno de los factores que pueden lograr acabar rápidamente con una relación. Básicamente se da cuando no hay coincidencia para el acto en sí, pudiendo deberse esto a diversos motivos, pero en sí, la consecuencia será la misma.

Cualquiera que sea el problema que pueda encontrarse en una relación de pareja, la comunicación viene a ser uno de los pilares más fuertes para el poder mantener firme dicho compromiso.

Es tanto así, que hasta cualquiera puede darse cuenta cuando algo se ha acabado, si constantemente hay comunicación. Así como este aspecto puede llegar a resolver un problema que ya estaba fuera de control, también se debe considerar que este puede llegar a ser un indicativo de que algo no está funcionando bien.

En mi contenido toque los puntos que vi más en el contexto terapéutico, precisamente basándome en aquellos hechos donde la mayoría de las personas buscan respuestas, utilizando los canales y herramientas acordes con esta inquietud, pude elaborar una lista de todas esas inquietudes, las cuales finalmente pasaron a ser los títulos de cada capítulo.

Estoy seguro de que aquí vas a encontrar respuestas a todas esas interrogantes que puedan haber surgido de una situación, a la cual tú aspiras darle la solución más acertada posible.

CAPÍTULO 1. ACEPTA SUS COSTUMBRES

Se asume que cuando un par de personas deciden crear un compromiso entre estas, es fundamentado en que les agrada la forma de ser de esta otra persona, tal como es y cómo la conoció. Entonces es allí donde puede comenzar el conflicto al querer imponer ese otro, su punto de vista para cambiar a la pareja.

Muchas veces cuando se dan los problemas en una relación no es debido a que hayan ocurrido cambios, precisamente es porque uno no quiso aceptar la propuesta del otro a cambiar. Es decir, cuando nosotros queremos moldear a nuestra pareja a como nosotros queremos que esta sea.

En más de una ocasión se puede dar, el hecho de que alguno cambie por la sugerencia o presión del otro, pero cuando esto no sucede siempre se dará el conflicto.

Como lo manifesté con anterioridad, nuestras costumbres vienen creadas de un pasado, a nosotros nos han formado nuestros padres con un grupo de valores y principios, los cuales prácticamente son únicos en cada hogar, habrá aspectos que son similares, otros muy distintos.

En la etapa inicial de toda relación se llega a obviar muchos aspectos, aparentemente como si estos no importaran, cosas que a alguno le llegan a molestar, pero por decirlo de alguna manera "se dejan para más tarde". Esto ocurre por la misma dinámica de la relación, a esa altura no se le da importancia a todos los factores involucrados, que viene a ser un error al final.

El respeto mutuo precisamente se basa en **saber aceptar a la otra persona**, y esto tiene una relación directa sobre saber amoldarse a las costumbres de nuestro acompañante. Si hemos tomado la determinación de hacer equipo con esta otra persona ¿por qué entonces querer cambiarla?

La intención de cambiar al otro

La diferencia de caracteres es algo muy significativo en este punto. Cuando una de las personas es más dominante que el otro, esta va a tratar de imponer sus reglas, así como también va a querer que todos los integrantes del grupo familiar bajo su responsabilidad, hagan exactamente lo que esta quiera.

Si es en al caso de los hijos, es aceptable y al final estos deben acceder[1]. Ahora cuando una persona trata de cambiar a la otra, para que su forma de actuar sea como esta lo había exigido, puede crear roces de manera permanente.

Existen parejas, en las cuales uno de los integrantes hasta se interpone en los asuntos laborales, aparte de todo lo demás, inclusive dando órdenes sobre lo que este debe y no debe hacer, para que cuando al final, algo salga mal hecho, le termina endosando el error a su pareja, cuando esta fue quien dio todos los lineamientos para tal operación de negocios.

La mejor manera de actuar es: por una parte manteniendo la originalidad y por la otra, respetando las costumbres de nuestra pareja, no buscar cambiarlo a nuestro gusto, pues esta no es la finalidad de una relación.

La evolución en nuestra forma de ser debe ser de manera constante, para nosotros aspirar a ser una mejor persona debemos estar educándonos y desarrollándonos para mejor. Más esto no implica que vayamos a perder originalidad.

Hay muchos aspectos de nuestras vidas que deben ir cambiando a medida que vamos avanzando en nuestras existencias, como: nivel intelectual, profesional, financiero, madurez emocional, etc.

El ser humano por lógica debe mantenerse actualizando por siempre, esto implica ese desarrollo de personalidad. Ahora en otros aspectos no tenemos por qué cambiar, pues así fuimos programados, y si estos factores no afectan a nadie ni a nosotros mismos, pues no hay motivo para modificarlos y mucho menos porque a otra persona le parezca.

Se ha podido comprobar, a nivel científico, que los hábitos son programas que quedan grabados en nuestra mente, de tal forma que estos nunca pueden ser borrados de nuestro cerebro, esto debes tenerlo muy en cuenta.

Por lo tanto, cada vez que exista un mal hábito, este requiere de un gran esfuerzo y trabajo para ser sustituido, esta es la palabra correcta, ya que erróneamente algunas personas hablan de borrar las malas costumbres, y esto es falso, lo que se debe hacer en estos casos es sustituirlos por otros, con un procedimiento que tiene muy bien definida su estrategia.

Hago la aclaratoria de los hábitos, que son nuestras costumbres, para que veas el proceso complejo que este representa y porque es una pérdida de tiempo, que alguien por capricho quiera cambiar a otro.

La relación de pareja es una sociedad de responsabilidad compartida

En una relación de pareja nunca existirá un culpable, por esta estar conformada por dos personas, sería en igual cantidad de personas que recaería el compromiso de hacer que esta funcione a plenitud.

Cuando ocurren problemas externos en una relación, los mismos deben ser resueltos en consenso, con ideas y alternativas planteadas por sus dos integrantes, cada uno dando lo mejor de sí mismo, con la finalidad de que aquel mal los afecte de la menor manera y resolviéndolo en el menor tiempo posible.

Sea cual sea la decisión que se tome, se hace con la mejor intención real, ahora lo que llega a pasar que puede llegar a alterar la forma de apreciar los acontecimientos es cuando estas iniciativas generaran malestares o problemas aún mayores. Entonces ocurre que alguno quiera culpar al otro por lo acontecido.

Si se trabaja en equipo, con respeto y consideración esto no llegará a suceder, sobre todo con la madurez que el caso exija.

Llegar a pensar que uno siempre tiene la razón es un problema que va a generar mucho conflicto de manera interna. Existen situaciones en las que nosotros no quisiéramos ni participar, cuando algún problema grave nos está afectando como pareja. Lo que sucede es que no hay opción, solo las adversidades se resuelven enfrentándolas.

La solución a todo desafío que se nos pueda presentar en nuestra relación, siempre serán resueltas de la mejor manera si se sabe llevar un trabajo en equipo, considerando la opinión y forma de pensar del otro, sin llegar a caer en imposiciones por el solo hecho de haber sido generadas estas por nosotros mismos.

Aceptar no implica ser permisible

Algo que debemos manejar con firme convicción, es saber diferenciar límites, el hecho de que aceptemos a una persona tal como es, respetándole su espacio, no implica que debamos aceptar conductas inapropiadas dentro de nuestra relación. Así como tampoco ser partícipe de este tipo de acciones por tu parte, ya que no debemos hacer lo que no queremos que nos hagan.

Los comportamientos inadecuados no se pueden tolerar. Aquellas enseñanzas, creencias y costumbres, que traemos arraigadas de nuestro entorno familiar pueden mantenerse, eso lo sabemos si son inofensivas. Ahora hay que saber que al momento de haber decidido hacer un compromiso con otra persona, hay cambios que deben realizarse para que esta relación pueda mantenerse con la armonía necesaria.

Por lo tanto hay aspectos que deben ser modificados, pues si estos anteriormente no eran dañinos, ahora en pareja si pueden llegar a serlo, con esto hay que tener mucho cuidado, saber diferenciar y colocar límites.

Ser considerado

Para saber tener consideración debemos partir de que ningún ser humano es perfecto, por lo tanto, todos tenemos defectos y virtudes. Esto implica que, para saber mantener el equilibrio en nuestra relación, debemos estar al tanto que nuestra pareja tiene defectos y comete errores, distintos a los nuestros, pero los tiene y debemos aceptarlos.

Un problema que siempre ha sido un aspecto muy delicado, es el de la parte sexual, pues así como pueden llegar a existir diferencias en la práctica, motivado a las costumbres, también estas se verán afectadas por el cambio de nivel en la libido. No se puede llegar a pensar que estas se van a mantener igual a cuando se da inicio a una relación, como algo normal la pasión va disminuyendo, se debe tener muy en cuenta este factor para que el mismo no vaya a ser motivo de diferencias relevantes.

Según el psicólogo Miguel Hierro, coordinador de salud mental de HM Hospitales de Madrid, especifica que aquellas costumbres generadas por un estatus social más alto o un grupo religioso, pueden llegar a afectar la duración de una relación. Sobre todo, cuando aquel entorno se llega a colar en la pareja, a tal grado que no permite la funcionalidad normal de los integrantes.

Muchas veces la alternativa puede llegar a doler, pero puede esta ser la que más convenga en algunas situaciones, como lo es la de acabar con la relación de una manera amistosa, antes de llegar a niveles donde se pierda todo grado de comprensión y compatibilidad. Cuando las diferencias hayan llegado a un nivel del cual no haya marcha atrás y ambos estén convencidos de la situación, romper en buenos términos llega a ser la solución más viable.

CAPÍTULO 2. SE ABIERTO Y APRENDE

Una persona abierta es aquella que mantiene ciertas características que no todos poseen, estas vienen a ser aspectos positivos que favorecerán su forma de ser así como su adaptación a cualquier grupo de personas. Entre estas cualidades, tenemos: simpatía, accesibilidad, sinceridad, mente abierta, tolerancia y originalidad.

Cuando todas estas condiciones se unen en una misma personalidad, podemos ver un tipo de ser que se desenvuelve con seguridad, gran carisma y mucha alegría, son individuos que llevan consigo la felicidad.

Algo que debemos tener claro es que esta característica puede provenir de forma innata o que la misma haya sido aprendida y desarrollada con la finalidad de crecer.

En cuanto a pareja, este aspecto viene a reflejar la transparencia de la persona con respecto a la otra, existe la tendencia a ser más receptivo y a aceptar plenamente y con convicción, cuando fuera el caso, las opiniones de su pareja, por esta razón es que esta cualidad tiene tanta importancia en una relación.

El que alguien sea abierto es lo contrario a una persona caprichosa, aquella que se cierra a todo, por el solo hecho de ser contrario a lo que esta quiere.

Te expondré como puedes llegar a ser una persona abierta, únicamente en tres pasos.

¿Cómo expresarte?

La manera como tú llegues a expresarte con tu pareja, será un indicativo de si eres abierto o cerrado en tu forma de actuar con esta.

Aplica la sinceridad

Muchas veces las personas tratan de mostrar una cara que no es la propia, se expresan de una forma que es contraria a su manera de pensar. Tal vez por temor a ser rechazados o porque su naturaleza sea la de mentir. En otras ocasiones esto se llega a dar cuando la persona es alguien que no le gusta que sepan lo que piensa ni cuáles son sus ideales, entonces a su manera crean ese bloqueo con la finalidad de que nunca lleguen a ser descifrados.

Es cierto que hay aspectos de nuestras vidas que deben ser manejados con discreción y que no debemos estar contándoselo a todos, e incluso hay situaciones que ameritan que hasta sean manejadas por nosotros mismos de forma que ni siquiera con nuestra pareja queremos comentar, esto también hay que tenerlo en cuenta, por lo tanto hay que saber distinguir situaciones.

El tema en cuestión es en la vida rutinaria, los asuntos normales y que pueden ser compartidos. Hay situaciones que las debe manejar únicamente la persona como tal, por ejemplo, acontecimientos con su familia de origen, hechos donde este debe participar quiera o no y va a buscar la mayor discreción posible.

Cuando expreses tus opiniones, estas deben ser hechas de manera sincera, procurando que no hieras susceptibilidades. Precisamente lo que se quiere con este tipo de conducta es que la comunicación en la relación fluya de una manera constante y sincera.

Manifiesta tu forma de pensar

Las emociones no deben ser reprimidas, esto al final va a ser contraproducente, siempre que te guardas para ti alguna emoción, esta va a explotar de alguna forma con consecuencias negativas para ti y para la persona que te acompaña.

Una de mis recomendaciones es que aprendas a manifestar lo que sientes con tus expresiones, cuando sientas algo, sea placentero o displacentero, debes conversarlo con tu pareja, que pueda esta estar al tanto de alguna situación, para que te pueda apoyar y entender de cualquier cambio en tu comportamiento en un momento determinado.

No ocultes lo que a ti te parezca importante

Si no existe una razón valedera, no tienes por qué aislar de tu pareja quien eres realmente, que aspectos de tu personalidad son importantes y darlos a conocer. Todo lo respectivo a experiencias, tus gustos, etc.

Existen personas que por su naturaleza llegan a ser muy discretos, siendo muy recelosos con todo lo que tienen dentro de sí. Para la pareja esto viene a ser un gran problema, pues nunca sabe que piensa, como darle un trato adecuado en alguna situación, pues no sabe cuál puede llegar a ser su reacción.

Es más, estos casos por lo general provienen de su crianza, donde hasta su madre tenía problemas para saber interpretar alguna conducta en un momento determinado[2].

Sea cual sea tu situación, debes realizar ejercicios prácticos en este sentido, con la finalidad de poder transmitir tus intereses. Puedes comenzar con las cosas pequeñas, decir cuál es tu película favorita, el género con respecto a la lectura o el grupo musical de moda que más te atrae.

Acepta ser vulnerable

Con la finalidad de ser abierto, debes tratar de mostrar tu lado sensible a tu pareja, que esta sepa cuáles son tus temores, miedos y creencias, sin llegar a pensar en que esto pueda ser motivo de rechazo o de aislamiento.

Esto quiere decir que le digas a esa persona que tanto te interesa, sobre algún acontecimiento que para ti llegó a ser traumático en tu tiempo pasado, o que te desahogues con esta en un momento crítico sobre tu persona.

Saca a relucir información personal tuya con frecuencia

Es muy importante que llegues a manifestar asuntos relacionados con tu vida y gustos, que tu pareja pueda saber qué tipo de comida te agrada más y cual no, lo mismo con la música, con nuevos aspectos, entre otro tipo de gustos y curiosidades. Puedes empezar lentamente e ir creciendo a través del tiempo, no necesariamente debe ser hecho de la noche a la mañana y menos si no era tu costumbre.

Luego de que hayas comenzado a expresar datos personales superficiales, puedes ir tocando temas más a profundidad, como por ejemplo: espiritualidad, política, sentimientos hacia otras personas o sobre aspectos sexuales.

¿Con quiénes más debes ser abierto?

Habiendo realizado la exposición con un enfoque hacia la relación en pareja, también es conveniente que sepas elegir a quien serás completamente abierto, ya que este viene a ser un tema algo complicado si no se hace de la manera correcta.

Nosotros no podemos ir por la vida contándole a cualquiera, aspectos íntimos de nosotros. Muchas veces se puede dar que esa información sea manejada por personas a las que no les agrademos y utilicen esta para hacernos algún tipo de daño. O en otro caso que por negligencia se dediquen a divulgar nuestros puntos de vista para que cualquiera los tenga en cuenta y a la final hacernos vulnerables a cualquiera.

Lo primordial es que este tipo de conducta sea realizada con personas de nuestro círculo social ya seleccionado. Que al igual que nosotros, estos también sepan respetar y exponer sus creencias y forma de pensar.

¿Cómo comunicarte con los demás?

La comunicación con tu semejante es un factor muy importante a la hora de querer transformarte en una persona con amplitud. Esta viene a ser muy significativa para saber el grado de apertura que has podido alcanzar.

Aprende a tener una mente más abierta

La personalidad abierta implica un alto nivel de aceptación de los demás y del entorno, esto quiere decir que siempre se mantendrá con una mentalidad dispuesta a los cambios y las innovaciones. Aprovechando esta condición esta persona siempre aceptará la opinión y el punto de vista ajeno, sin que esto lo llegue a perturbar de alguna manera.

Para poner en práctica este tipo de comportamiento de aceptación, debes salir de tu zona de confort y estar dispuesto a conocer nuevas personas y lugares. Nuestros gustos pueden también llegar a cambiar, trayendo esto una consecuencia positiva, ya que tu radio de acción será más amplio.

El que mantengas un modo de pensar abierto en ningún momento implica que tú debas aceptar todo, tú debes mantener tu criterio de evaluación y discernimiento, a lo que hago referencia es que debes prestarte para probar y aceptar lo desconocido (o lo que te saque de tu zona de confort).

No juzgues a los demás

Si tienes este hábito te recomiendo que lo busques sustituir por uno mejor. Nunca nosotros podemos realmente conocer el por qué de la actitud de alguien en un determinado momento.

El que nosotros hagamos prejuicios sobre alguien es algo que no debe ser, ya que si estamos en el orden de crear una mentalidad abierta, no podemos cerrar al trato con alguien solo por el hecho de no adaptarse a nuestros ideales, según su forma de vestir, ser o de pensar.

Debemos mantener firmemente el respeto y la aceptación por los demás, sobre todo si hacemos mención a nuestra pareja.

Realiza preguntas

Una de las mejores maneras de iniciar una conexión con otra persona, es mostrando interés por medio de las preguntas, cuando tú tomas esta iniciativa, es casi seguro que la otra persona va a hacer lo mismo contigo, es en ese momento cuando tú le debes responder con la mayor sinceridad posible.

En el caso de tu relación de pareja, es lógico que muestres interés por lo que esta haga, igualmente tu estarás reforzando esa apertura de mente al estar dispuesto a informar sobre aspectos novedosos en tú vida.

Entenderte

Para poder llegar a entenderte debes conocerte a plenitud y haberte aceptado previamente, es la única forma de poder saber el porqué de un comportamiento en una situación específica.

¿Soy una persona cerrada?

Si te parece que los demás te ven como una persona cerrada, analiza bien que es lo que estás haciendo que puede dar esa impresión. Tal vez la manera de ser tuya es algo discreta o introvertida y pueda llegar a dar ese aspecto erróneo.

Debes evaluar tu lenguaje corporal y tratar de modificar tu forma de ser si notas que realmente te estás guardando mucho para ti[3].

No hay nadie mejor que tu pareja (pues te mira desde el amor) para que te indique de qué manera estás actuando y como poder hacer para corregirlo. Hay que entender también que si posees una personalidad tímida y callada esta no podrá cambiarse muy rápidamente ni tampoco existe un porqué de suficiente peso para que sea un motivo para este cambio.

Debes saber que aunque no sea tu intención, hay gestos que de por sí solos llegan a ahuyentar a las personas, así sea tu propia pareja. El cruzar los brazos, tener una mirada esquiva, falta de sonrisas en tu rostro, entre otras, van a hacer que tu semejante vea en ti arrogancia o que ocultas algo, así no sea cierto. En estos casos hay que poner mucha atención a estos aspectos y modificarlos cuando hagan falta.

De ser el caso debes buscar ayuda profesional

Puede darse la situación donde la persona tenga problemas para poder asumir una actitud abierta, ya sea por eventos de su pasado, acontecimientos traumáticos o por alguna enfermedad de tipo mental y que afecta de manera considerable la parte de la personalidad correspondiente a la interconexión con los demás.

Si fuera tu situación no dudes en buscar algún tipo de ayuda con un profesional especialista en el área. Un orientador, terapeuta o psiquiatra podría llegar a ayudarte a lograr dicho comportamiento.

Existe una gran cantidad de enfermedades mentales, trastornos del neurodesarrollo o enfermedades neuromusculares, que cuando aparecen pueden llegar a ocasionarte problemas para presentar una personalidad abierta.

Existen diversos tipos de personalidades abiertas

Debes saber diferenciar a una persona introvertida de una cerrada, no son la misma cosa. Con esto lo que quiero decir es que necesariamente no debes buscar cambiar tu forma de ser. Se puede ser una persona tímida, pero ser abierta, en este caso tendrá su grupo exclusivo para ser así.

Recuerda que estoy buscando que sepas lo importante que es el ser abierto en tu relación de pareja, no que cambies tu manera natural de ser en el mundo.

Aprendiendo en pareja

En una relación de pareja se da una gran oportunidad para los involucrados de crear un ambiente de desarrollo personal. Si has optado por mantener una actitud abierta, te estarás dando la oportunidad de aprender de tu compañero, recuerda que nuestra personalidad y conductas terminan pareciéndose a las 5 personas con las que más tiempo pasamos.

Tanto de las experiencias como del conocimiento, pasan a ser unos aspectos muy relevantes para que nosotros podamos evolucionar y crecer de manera personal.

Siempre se debe evitar el tener algún conflicto de ego, por eso la parte de la aceptación y la apertura van de la mano con este tipo de aprendizaje. Nuestra función dentro de la relación es precisamente la de consolidar los lazos existentes y buscar una finalidad de crecimiento en pareja. Por lo tanto al aprovechar esta situación, trabajando sin egoísmo y con transparencia, lograremos sacar el mayor provecho a esta situación.

CAPÍTULO 3.
TOMEN JUNTOS LAS DECISIONES SIN DEJAR QUE OTRAS PERSONAS INFLUYAN

Cuando se trate de tomar decisiones dentro de una relación, estas deben considerarse como privadas y exclusivas de los involucrados. Siempre que existe la opinión de un tercero se corre el riesgo de que las cosas no terminen como deberían, siempre y cuando estas no hayan sido solicitadas.

La asesoría en cuanto a relación de pareja, en cualquier ámbito es valedera y entendible, los problemas surgen cuando llegan opiniones, comentarios o críticas desde un punto de vista externo, sin haber sido requeridas en ningún momento.

Como todos sabemos, nosotros podemos mandar en nuestras vidas, no en la de los demás, es por esta razón que nosotros hacemos sugerencias o ponemos ciertas normas en nuestra relación, en consenso para llevar esta con el mayor equilibrio y armonía posible.

Para lograr mantener controlada una situación de este tipo, tenemos que comenzar por nosotros mismos. Que sepamos actuar frente a las opiniones de nuestros familiares y amigos con respecto a nuestra pareja y por otra parte que hagamos lo mismo, pero con los allegados de la otra persona, son dos aspectos diferentes, pero que al final pueden traer la misma consecuencia negativa en una relación si no se controla a tiempo.

Todos hemos escuchado de matrimonios o parejas que han terminado su relación luego que alguna de sus familias decidió interferir completamente en estas. Yo en lo particular conozco personas que son exitosas, con muy buena presencia y grandes expectativas futuras, al final, estas siempre andan solas, ya que sus padres no las dejan formalizar ninguna relación en pareja pues a todos les consigue algún defecto. Esta es una de las consecuencias que está latente en este tipo de actuaciones.

Quiero que analicemos juntos cómo hacer para que este tipo de situaciones no llegue a ser un problema que a nosotros nos llegue a afectar.

¿Cómo lograr que las opiniones de los demás no te afecten?

Primordialmente nosotros debemos mantener alejados a todos aquellos que quieran venir a estar dando opiniones sin estárselas pidiendo, tampoco llegar a considerar sus comentarios sin antes saber a qué hacen referencia, darles nuestro punto de vista con alguna de sus observaciones no tiene sentido, pues les estarás dando alas para que sigan interviniendo en tus asuntos cada vez más.

Cuando alguien se acerque con una crítica o comentario malsano, lo mejor es cortar inmediatamente con la actitud. Puedes llegar a utilizar frases como "Ok, veré como resuelvo, gracias", o tal vez aplicar la indiferencia, ignorar por completo a la persona, sin demostrar sentimiento alguno, para quitarle la inspiración a esta.

El psicólogo Bernardo Stamateas, autor del libro "Trátame bien", manifiesta algo con lo cual también estoy de acuerdo, este dice que la crítica constructiva no existe, la crítica es crítica y punto, no hay que buscarle excusa a lo que no la tenga.

Se entiende que haya propuesta o sugerencia, la cual ha de venir de la persona adecuada y en el momento correspondiente, esto es algo muy distinto a lo que es la crítica como tal. Este mismo especialista manifiesta que existe una ley de los tres tercios, la cual se puede apreciar de la siguiente forma: existe un tercio de las personas que nos aman de manera sincera, otro tercio que nos llega a odiar y por último un tercio que no nos conoce, pero igual pueden dar opinión alguna sobre nosotros.

Cuida la intrusión familiar en tu relación

Debemos comenzar por nosotros mismos, tenemos que saber diferenciar que aspectos de nuestra relación se pueden compartir y cuáles no. No todo lo que sucede con nuestra pareja debemos contarla a alguien, por ejemplo nuestra familia no debe saber lo que sucede a manera interna en nuestra relación sentimental.

Cuando alguno de los integrantes de la pareja, comentan de sus diferencias, lógicamente sus padres, si fuera el caso, van a estar en contra de la otra persona, tal vez vayan tomándose el asunto más en serio y terminen odiando por completo a la pareja de su hija o hijo.

También debes entender que cuando se cae en este tipo de prácticas, a quien se lo comentes va a sentirse en el total derecho de venir a darte indicaciones de como debes resolver tu vida, inclusive con señalamientos que ni siquiera estos llegaron a pensar ejecutar en la de ellos.

Lo mejor siempre es establecer límites desde el principio, que sepan hasta donde pueden llegar con sus opiniones.

La privacidad en la pareja

Principalmente este tipo de hechos lo originan las madres, es por esta razón que se habla tanto de las suegras, con respecto a que no son muy bien vistas a manera de broma. Pero es que de allí es que surgen estos comentarios. Aunque la intromisión puede venir de otros familiares, desde abuelos hasta cuñados.

Ponte a pensar en las diferencias que uno ha llegado a tener con su propia familia, como será con la familia de la pareja que uno recién está comenzando a conocer.

La privacidad en la pareja es fundamental para que esta pueda llegar a sostenerse en el tiempo.

¿Cómo detectar intromisión en la pareja?

Existen ciertos comportamientos que van a venir a demostrarnos que ciertamente hay influencia de la familia en una relación, como indicativos te puedo exponer los siguientes:

- Las decisiones que deben ser tomadas en pareja son consultadas con terceros. Hay algunos puntos que por no tener mucha importancia pueden discutirse abiertamente, pero hay otros que son exclusivamente de la pareja. Cuando existe la interferencia de algún familiar, cada vez que se quiera tomar alguna opción relevante para la pareja, esta persona inmediatamente pedirá la opinión a sus allegados, nunca decide por cuenta propia.

- En las planificaciones de fin de semana siempre se incluyen a otras personas. Existirá un compromiso por incluir en todo a los familiares de esta pareja, sin consultar, quitando privacidad y permitiendo que otros invadan un espacio que debe ser únicamente de dos.

- Frecuentemente existen comparaciones del comportamiento de la pareja con miembros de la familia. Esto se puede llegar a apreciar cuando un integrante de la pareja realiza cualquier actividad y se le cuestiona, haciendo mención a que "mi padre lo haría mejor de esta forma" o "mi hermano siempre que hace eso le sale mejor".

- Contantemente surgen diferencias motivadas a influencias de terceros. Cuando en una relación frecuentemente se cae en discusiones, comprobándose que estas han sido originadas por opiniones de miembros de la familia, está claro que existe intromisión de terceros en esa relación.

- La persona busca pasar más tiempo de lo normal con su familia que con la pareja. Cuando de manera constante surgen excusas, por parte de una persona, para pasar la mayor parte del tiempo con la familia, antes que con la pareja, automáticamente está colocando por delante de su relación a su familia.

- Surge rivalidad entre la pareja y algún miembro de la familia del otro. Cuando este tipo de situaciones ocurre, siempre habrá alguien de la familia política que querrá adversar de manera frontal con aquella persona. Esto es más que evidente que la relación con la familia de la pareja no está bien y que aquella fija posición dentro de la relación.

Aprende a manejar una situación de intromisión familiar

Cuando de manera imprevista hemos llegado a un nivel en nuestra relación, de intromisión familiar y no supimos ni como, ni cuando se dio esta situación, debemos buscar la manera de revertir en la brevedad posible, aquí te dejo algunos consejos para que pongas en práctica y así no te ves envuelto en algún acontecimiento de este tipo.

- Mantén una comunicación abierta de manera constante con tu pareja. Por lo general, cuando existe intromisión de un tercero, uno de los integrantes de la pareja es permisible, por lo tanto lo mejor es hacer un señalamiento en lo que está aconteciendo y hablarlo el tiempo que haga falta.
- Pon de forma clara los límites. Si desde el principio están claros en lo que puede ocurrir en un futuro, en este sentido, al primer indicio de un caso de estos ambos estarán enterados que alguien está interfiriendo en los asuntos de la pareja.
- Deben acordarse, mutuo acuerdo, en cuales casos no se permitirá la opinión de terceros. En unos aspectos se puede tolerar las opiniones de otros, en otras es exclusividad de las dos personas de la relación.
- Estar de acuerdo como pareja en bloquear el acceso a la relación, por parte de terceros. Cuando se sabe por parte de la pareja, de lo nocivo que llega a ser una in-

tromisión por parte de alguien fuera de esta, ambos deben saber actuar para quitarle efectividad a ese tipo de incursión.

- No inmiscuir a la pareja, en asuntos de familia política. Siempre lo mejor es que cada quien se mantenga al margen de lo que acontece en la familia política. Muchas veces la pareja directamente se debe relacionar con algún problema que ocurra en su familia, pero incluir a la pareja no tendrá resultados positivos.

¿Qué sucede cuando es la suegra la que interfiere?

Este tipo de diferencias generalmente se da entre la nuera y su suegra, ya que la segunda no acepta ser desplazada por la primera, en una gran cantidad de casos. También se debe considerar que mucha responsabilidad de esto la tiene el hijo (o hija), el cual termina permitiendo que su madre interfiera en todos los asuntos de la pareja.

En otras culturas es algo que se acepta y tolera, hasta un punto donde la nuera (o nuero) pasa a ser propiedad de su madre política. Como muestra de esto te presento un extracto de una publicación de LA RAZÓN.

"En la India, en el año 2.005 fueron 7.000 las nueras que murieron a manos de sus madres políticas (quemadas en la cocina, apuñaladas en el cuarto de baño o envenenadas con raticida). "En la cárcel más grande del planeta, Tihar (Delhi), con 16.000 presos, el bloque 6 está reservado para las suegras de la India", condenadas por un delito de asesinato de sus nueras dentro de lo que sido denominado "guerras de la dote", sistema que discrimina a la mujer. Pero según la Fundación Vicente Ferrer, se estima que son asesinadas al año entre 25.000 y 100.000 mujeres."

Coloco esto simplemente para que puedas considerar lo delicado del asunto y no tomarlo a la ligera. Por supuesto nosotros podemos encontrarnos en algún otro país donde este tipo de situaciones son impensables, pero el mal que trae consigo este tipo de prácticas, igualmente termina por deteriorar tanto una relación, que al final la misma se acaba como consecuencia de estas acciones.

CAPÍTULO 4.
COMPARTAN

Es cierto que cada persona necesita tener su espacio en una relación, pero de la misma manera es muy importante el que de forma constante, la pareja compartan actividades y responsabilidades juntos, es la manera como se llega a incrementar la unión.

Tanto el hombre como la mujer se llegan a sentir identificados con el trabajo en equipo, donde exista el respeto mutuo y de la misma manera se le dé importancia a la opinión e iniciativa del otro, esta es la mejor forma de hacer evolucionar una relación en pareja.

Así como se debe fomentar la unidad cuando algo malo suceda y sea una responsabilidad de los dos, también el compartir en cualquier lugar, los gustos y placeres es algo que va a ayudar a consolidar la relación. Aquí te presento los aspectos más resaltantes que nos va a ayudar a mejorar el compartir en pareja.

- Cada día se conocen más.
- Se sienten exclusivos.
- Se demuestra el interés de estar juntos.
- Se Incrementa la felicidad por estar en pareja.
- Aumenta la pasión.

5 cosas que debes aprender a compartir en pareja

Si te preguntas que es lo que debes compartir, pues yo te haría la sugerencia de que sería casi todo, existen algunas cosas las cuales no se recomiendan mucho compartir, pues estas dependen de la madurez de la otra persona, por lo tanto el querer aplicar estrategias que no sean acorde con la edad de los integrantes de la relación, puede traer resultados adversos a lo que se quería originalmente, igual de eso comentaré contigo más adelante.

Si nos ponemos a pensar en todo aquello que debemos compartir, casi de manera obligatoria, te dejo estos 5 aspectos.

- El dinero. Cuando se tiene una relación de pareja, muchos de los gastos deben ser compartidos, aquí cambia el concepto de la individualidad. Cada uno debe hacerse cargo de asumir la responsabilidad de pagar algunos deberes que corresponderán a gastos de ambos, en ese caso se debe recordar que entre los dos se debe asumir el compromiso, o según el acuerdo al que hagan llegado, igual se debe hablar y no esperar que el asunto se vaya resolviendo por cuenta propia.
- Los amigos. En muchas parejas se ha visto la situación, donde alguno de los dos, o ambos, se reúnen con amigos y conocidos sin que el otro llegue a saber quiénes son. Si existe la transparencia y honestidad ¿Por qué ocultar a nuestros amigos?
- La cama. A muchas personas les gusta ocupar toda la cama mientras duermen, por eso al momento de tener que compartirla con su pareja no logran rápidamente adaptarse, pues esto es importante que se aprenda a hacer, imaginariamente ver cuál es la zona que ocuparas en tu cama y respetar el espacio ajeno.
- Las responsabilidades. Los compromisos que existan en una relación deben ser atendidos en el tiempo y

condición que estos requieran, pues la mejor forma de hacerlo en pareja es que se repartan dichas responsabilidades, así como también se debe aprender a colaborar en actividades que no correspondan pero que la situación lo esté requiriendo.

- Los sentimientos. Lo que cada uno vaya sintiendo, dentro de la relación, es bueno que el otro esté al tanto, y saber que de esta manera es que se puede prestar el apoyo en cualquier momento que aquel lo necesite.

¿Necesitas compartir todo con tu pareja?

Compartir con tu pareja sirve para demostrar transparencia en tu forma de ser, demuestra que le estas dando valor e importancia a la relación. Si insistes en enfocarte más en ti que en tu relación tarde o temprano esto hará que se vaya perdiendo el encanto que representa el estar acompañado de una persona, que ha decidido entregar parte de su vida a otro.

Viene a ser algo egoísta el querer uno guardarse cosas que están allí para ser apreciadas por ambos. Ahora hay algo en lo que también debemos estar muy claros, la conducta del ser humano es algo compleja y nosotros no podemos gobernar la forma de entender de cada uno.

Tenemos en lo posible que saber que existen los celos, que unas personas toleran menos que otras y de la misma manera también influye la forma de ver el entorno. Por esta razón debemos saber que hay aspectos nuestros que no se pueden compartir. Aquí te nombro cinco que me parecen muy resaltantes.

- Hablar sobre tu expareja. Al pasado hay que olvidarlo y solo apreciar sus enseñanzas, a nadie le va a gustar tener una relación con alguien y que esta se la pase, gran parte del tiempo, nombrando a su expareja. En otras ocasiones hay personas que se dedican a preguntar por el ex de la otra, con la única finalidad de que cuando estén molestos le saquen a relucir todo lo que esta había comentado. Lo mejor es ni nombrarlos.

- Compartir las contraseñas de tus cuentas, redes sociales, teléfonos o cualquier otro dispositivo. Nosotros necesitamos siempre algo de privacidad, por esta razón el que nuestra pareja maneje todas nuestras claves y contraseñas solo se puede hacer si existe una madurez y estabilidad muy bien consolidada, no es recomendable para cualquier relación. Imagina tú a una persona muy celosa y que maneje todas las claves de acceso, a diversas plataformas, de su pareja que es muy popular ¿Qué podría pasar? En cualquier momento le destruye todos sus vínculos sociales, por imaginarse algo que no es real.

- El revelar privacidades de tus allegados. Si sabes secretos de tus familiares o de tus amistades, no tienes por qué contárselos a tu pareja, estos llegaron a ti por la confianza que alguien deposito en ti, por tu haberte ganado ese privilegio con aquella persona, tu pareja no va a cuidar de esa información pues no es de ningún ser apreciado, en esa magnitud, por esta.
- El manifestar que no te agrada alguien de su entorno. No debemos opinar o hacer un juicio sobre alguien que pertenezca al entorno de tu pareja. Recuerda que por algo pertenece a su círculo íntimo, a esta le va a causar dolor y resentimiento que esta persona por la que siente mucho afecto no te agrade a ti, lo mejor es ignorar el asunto y ser lo más discreto posible.
- El hablar de tus tiempos de locuras pasados. Todos nosotros poseemos pasados, unos más efusivos que otros, pero en nuestras historias habrá cuentos de fiestas, reuniones de fin de año con amistades, paseos de todo un fin de semana, etc., en estos casos siempre lo más sano es comentar lo menos posible sobre el asunto, como lo dije anteriormente, muchas personas se dedican a preguntar sobre este tipo de eventos con la finalidad de saber mucho más acerca de su pareja con la finalidad de luego utilizar esa información para dañar la relación, sin darse cuenta. Si actúas con madurez sabrás que ya esos tiempos pasaron y no hay porque nombrarlos, mucho menos delante de alguien a quien se puede herir.

Como lo manifesté al inicio de este apartado, que la dinámica presentada por las personas al momento de formar una relación de pareja es la que hace que no todo se pueda compartir, pues muchas veces se da que el hombre (en pocas ocasiones es la mujer) este buscando dejar alguna puerta abierta para poder envolverse en alguna aventura o que la mujer sufra de celos excesivos (así como varios hombres).

Para esto te puedo poner un ejemplo, el cual lo puedes tú apreciar en una pareja de personas de avanzada edad y con muchos años de unión, prácticamente se conocen todos sus secretos. Pero como a esa edad no hay riesgo de interferencias de un tercero, ni celos, tampoco riesgo de ningún tipo dentro de la relación, no existirá nunca un motivo de diferencias en este sentido.

La relación amorosa perfecta

En una publicación realizada por un diario británico, la especialista en relaciones sentimentales, directora del servicio de búsqueda de parejas Three Day Rule, Talia Goldstein, según sus amplios conocimientos en el tema, ha manifestado que existen cuatro puntos que son claves para poder determinar compatibilidad en una pareja. Estos son:

- Les debe gustar viajar de la misma forma. Esta es una característica muy significativa, así no lo parezca, pues está comprobado que si a él le gusta viajar por carretera y a ella le encanta volar, estas diferencias van a ir generando poco a poco un distanciamiento hasta venir a acabar con la relación.

- Deben existir por lo menos tres actividades que les guste realizar juntos. Es algo muy normal que en una relación de pareja existan diferencias, sólo que se deben buscar por lo menos aquellas tres donde si haya compatibilidad y disfrutarlas al máximo juntos. Sin llegar a menospreciar el tiempo donde uno acompañe al otro a algún evento así no le agrade mucho, total es una inversión hecha en algo que vale el esfuerzo.

- Que uno sea el complemento del otro es lo ideal. Eso de que polos distintos se atraen tiene mucha razón, cuando una persona viene a ser el complemento de otra, es un buen indicio de que será una buena relación. Por ejemplo: uno es el organizador y planificador y el otro es muy hábil en la acción y ejecución, esto es perfecto para que una relación se mantenga a través del tiempo.

- Debes sentir que eres la mejor versión de ti mismo en la relación. Para que sea la relación perfecta, esta debe sacar la mejor parte de cada quien en la misma. Si cada uno es original y disfruta tanto del compromiso adquirido, dando lo mejor de sí y obteniendo una gran satisfacción por sus esfuerzos, está en el lugar apropiado.

CAPÍTULO 5. RESUELVAN LOS INCONVENIENTES

Todos nosotros debemos estar preparados para tener que resolver en algún momento alguna diferencia con nuestra pareja, es imposible que estas no aparezcan y tal vez lo hagan en el momento más inoportuno. Es por este motivo que debemos mantener siempre el equilibrio y actuar de la manera más madura posible, pues lo que nadie quiere es tener un problema que se quede más tiempo del debido.

¿Cómo identificar los problemas?

Dentro de tantas cosas que debemos ir resolviendo en nuestro día a día, se pueden presentar este tipo de acontecimientos sin que nosotros sepamos cual es el mal que está afectando nuestra relación. Por esto lo primero que debemos hacer es ubicar que es aquello que nos está afectando.

Para poder nosotros saber identificar una situación que está creando un conflicto de pareja, te puedo dar unos tips:

Comunicación

Esta es imprescindible en una situación de conflicto, ya que cada punto de vista es diferente y el mismo debe ser compartido para que sea analizado y comprendido en conjunto. Muchas veces un problema se hace más grande debido precisamente a la falta de entendimiento.

Diálogo

Debe existir el intercambio de información, escuchar y manifestar, es muy importante complementar el punto de vista de cada uno, con el visto bueno del otro. Es indispensable mantener las normas del buen hablante y las del buen oyente.

Consecuencias

Se debe evaluar en equipo, cuáles son las consecuencias a la relación por el hecho que acontece en ese momento. Evitando los reproches, ironías y sarcasmo, nada positivo aporta eso a la evaluación del problema.

Este análisis se hace con la finalidad de considerar el tiempo del que se dispone, para tratar de ubicar las decisiones más acertadas para la solución de lo que ocurre.

3 consejos para resolver el problema en una relación de pareja

Siempre lo que se debe buscar es resolver el problema en el menor tiempo con las menores consecuencias posible, por lo tanto, todas nuestras acciones deben dirigirse hacia ese punto. Aquí solo te dejaré tres, pero existen muchos otros aspectos que puedes llegar a considerar[4].

Acuerdo ganar-ganar

Debes saber que una relación sentimental es una sociedad, se trabaja por un fin en común y no hay cabida para los individualismos.

Si nosotros llegamos siempre a tomar en cuenta el hecho de que cualquier decisión o camino que se tome para la resolución de algún problema, debe ser basado en que ambas partes tengan un beneficio, nunca habrá problemas que puedan traer consecuencias posteriores a su resolución.

Plazo de tiempo

El plazo para la resolución de algún conflicto es algo que debe manejarse con mucha precisión, de esta misma forma se debe aprovechar al máximo cuando ese factor esté a nuestro favor.

Muchas veces se da que el problema donde nos encontramos involucrados es muy delicado, pero nos da la opción de poder resolverlo a largo plazo, entonces es allí donde debemos aprovechar para asesorarnos, ampliar nuestro punto de vista con información que tengamos a nuestro alcance, etc.

La idea primordial es no tomar decisiones apresuradas cuando existe la holgura del tiempo a nuestra conveniencia.

Colaboración

Cuando se tiene la madurez suficiente, fácilmente nos podemos dar cuenta que el surgimiento de alguna situación que llegue a afectar a la pareja, debe resolverse con el esfuerzo de ambos, por lo tanto debe existir la colaboración mutua, donde cada uno haga su aporte de manera sincera con el único fin de resolver el asunto.

¿Cómo debe ser la comunicación en la resolución de un problema de pareja?

En cualquier tipo de relación, la comunicación viene a ser un factor imprescindible, más aún cuando de situación de pareja se trate, esta es la mejor forma de llegar a entender e incorporar los intereses de cada uno en la resolución de cualquier conflicto. Aquí te doy 5 tips para que los tomes en consideración para poder dedicarle la atención requerida a este aspecto.

Busca la unidad

En ningún momento debes manifestar intereses personales, todas tus acciones deben estar dirigidas a resolver un problema en pareja, darle solución a un acontecimiento donde el foco de atención sea visto de la misma forma por ambos.

Mide las palabras

Nuestras palabras son la manifestación de nuestros pensamientos, todo lo que sea expuesto por nosotros debe ir en la misma dirección de la conveniencia de la relación como tal, y eso debe poder apreciarse con lo que lleguemos a manifestar al momento de expresarnos.

Cuida el lenguaje corporal

El lenguaje corporal es igual de importante que el verbal, estos dos debe mantener un equilibrio. Muchas veces por conveniencia, hasta de la misma relación, debemos aceptar algo con lo que no estábamos de acuerdo, pero que tampoco era relevante, si decimos que sí con la boca y negamos con el cuerpo, esto se hará evidente y será de muy mal gusto para la otra persona.

Busca proponer soluciones

No dejes que los problemas sean resueltos por el otro o por cosas del azar, debes ser proactivo y buscar ir siempre adelante haciendo propuestas, dando ideas y planteamientos con la finalidad de salir de la crisis.

Entre ambos pueden buscar la manera de generar lluvia de ideas de consideraciones hechas en conjunto.

Describe de forma objetiva

Centra tu descripción del asunto basado en los acontecimientos como tal, considerando los factores externos, sin llegar a manifestar preocupación por efectos personales, pues esto traerá distanciamiento de la otra persona sin tu darte cuenta.

Ejercicios de terapia de pareja para hacer en casa

Las diferencias en la pareja es algo que siempre van a existir, la manera como nosotros nos lleguemos a comportar frente a estas situaciones, son las que realmente van a hacer que el problema desaparezca o que sea de mayor magnitud.

En vista de esto, te traigo unos ejercicios que puedes poner en práctica en tu hogar y que seguramente te van a ayudar a aliviar cualquier malestar que se haya podido generar.

Observa a tu pareja como si fuera una persona desconocida

Este ejercicio tiene como finalidad renovar la apreciación que tienes sobre tu pareja, ya que muchas veces en nuestra mente queda grabada solo la persona que conocimos muy atrás.

Es de saber que ella ha cambiado y se ha adaptado más a ti, por lo tanto, lo que te planteo es que la observes, sin que ella lo note, cuando camina en la calle o cuando está en sus labores del hogar, te darás cuenta de todos los detalles que te has perdido, luego debes manifestar tu satisfacción por descubrir todos estos nuevos aspectos.

Un especialista en terapia de parejas llamado Antonio Bolinches, llega a manifestar que lo que ocurre con las parejas es que inicialmente se dejan cautivar por una serie de actitudes que para estas son virtudes en su momento, luego de unos diez años ya no se llegan a apreciar de la misma manera, al caer en la monotonía generada por la misma relación, ahora estos aspectos se aprecian como algo negativo.

Según Bolinches, por esta razón es que una gran cantidad de parejas, luego de este tiempo caen en esta situación, lo cual desemboca en la separación definitiva. Para ir a buscar a otra persona que llene ese espacio con cualidades que sean de su agrado, posteriormente vuelve a suceder lo mismo.

Este mismo especialista manifiesta que ha comprobado que un 50% de las personas que se divorcian o se separan de manera definitiva, según el tipo de relación, se arrepienten de la acción tomada inicialmente.

Por esto es que, al realizar esta práctica de ver a tu pareja como si fuera la primera vez, podrás apreciar todas sus buenas cualidades, las cuales por la rutina dejaste de observar.

Yo soy tú y tú eres yo

Por lo general cuando se da una discusión, y no se llega a un acuerdo, es porque no hay entendimiento en cualquiera de los dos puntos de vista. Yo te sugiero que, hablando con tu pareja, decidan que se cambien los roles y vuelvan a tocar el punto donde se generó el conflicto.
Esto cambiará la percepción en ambos sentidos, por lo tanto, se incrementará la comprensión. Si se llega a manejar de esta manera todas las situaciones de este tipo, te aseguro que con la práctica de este ejercicio las diferencias irán disminuyendo.

Puede resultar algo complicado al principio, pero debes buscar la manera como tu pareja lo entienda que es por el bien de la relación. Lo mejor es entrarle como una sugerencia y buscando ceder un poco para tratar de bajar los ánimos de esta, pues al llegar a este punto se asume que tu enfoque está claro.

Elabora una lista de agradecimientos

A todos nos gusta ser valorados por nuestras acciones, que nos puedan decir lo bien que lo hemos hecho y de qué manera nos agradecen. Muchas veces motivados a la dinámica de la vida nos olvidamos dar las gracias a nuestra pareja.

Es conveniente que entre los dos y cada uno por su parte, elaboren una lista de todo aquello por lo cual le das las gracias. No importa la magnitud del acontecimiento, así sea algo pequeño a cualquiera le va a agradar que se le agradezca por este hecho.

Haz planes y cúmplelos

Elaborar planes en conjunto, de actividades para compartir en pareja, donde las mismas sean realizadas tal lo planteado, va a manifestar el nivel de importancia que tiene para ti esta relación.

Pueden elaborar una lista, en donde los dos coloquen sus gustos e ideas, que es lo que cada uno quiere hacer dentro de sus posibilidades, de la misma manera debe realizarse el compromiso para que estas sean ejecutadas.

Podrían ser una lista de 10 cosas que siempre les ha gustado hacer y que, por cuestiones ajenas a la voluntad de los dos, se han ido perdiendo. También se pueden incluir nuevas actividades.

El todo es darle la dinámica a la relación que se minimizó en un momento determinado.

CAPÍTULO 6. VIVAN EL PRESENTE

La esencia de la vida la dejamos pasar muchas veces debido a nuestras ocupaciones, nos enfrascamos tanto en resolver el día a día que cuando nos damos cuenta, hemos dejado pasar tantos momentos hermosos que pudimos haber disfrutado con nuestros seres amados, hasta que estos no están y lamentamos mucho el no haber tomado la iniciativa a tiempo.

Esto nos ocurre de manera particular, cuando llegamos a formar una relación, los acontecimientos, causas y resultados son similares, la diferencia está en que es decisión de dos y no de uno solo.

El precio que se llega a pagar por no haber sabido disfrutar el presente es muy elevado. Podemos ver padres que nunca dedicaron tiempo a sus hijos de niños, ya que estaban muy ocupados, cuando se dan cuenta ya estos son unos jóvenes, que están por formar un hogar aparte y allí es cuando anhelan los años pasados, esto ya no tendrá sentido a estas alturas.

La clave de la felicidad de vivir en pareja

Saber disfrutar los momentos presentes con nuestra pareja es indispensable para llevar una buena relación que perdure a través del tiempo.

No busques controlar todo

Es algo muy normal que el ser humano busque controlar todo a su alrededor, inclusive hasta a su pareja, cuando esto pasa a niveles superiores, en la relación se crea un ambiente de constante tensión y estrés. Esa manía de querer tener el control de todo es algo que se debe mantener con una baja intensidad, ya que es precisamente ese aspecto el que viene a quitar el disfrute adecuado del presente.

Existen situaciones que escapan de nuestras manos, que de alguna manera influyen en nuestras vidas, más nosotros no podemos controlarlas, entonces al estar consciente de esto entendemos que hay que dejar fluir y pasar ciertos factores de nuestras vidas.

Saber colocar límites a cada situación de nuestro entorno, donde nosotros hagamos una clasificación en pareja, en donde tenemos injerencias y en que parte no, donde ocurra esto último pues entonces que no nos quite energía ni nos robe los momentos presentes.

Deben aceptar todo lo que la vida les regala

Saber aceptar todo aquello que la vida nos proporciona es un gran principio, pues el que una situación o algo que llegue a nosotros será bueno o malo según el calificativo que nosotros le demos. Este acontecimiento no viene a nosotros con una etiqueta fijada a él, somos nosotros quienes la clasificamos, inclusive muchas veces hasta lo hacemos de una manera previa.

Si nosotros estamos al tanto de que cualquier experiencia o conocimiento que venga a nosotros siempre tendrá un lado positivo, tan solo si llegamos a apreciar la enseñanza, no importa lo doloroso que haya sido, pues en fin nosotros no lo escogimos, pero sabiendo que igual llegó a nosotros, pues saquemos el mejor provecho de lo que sucedió.

Cada momento es único en la vida

El ser humano está siempre asociando y comparando los momentos de su vida con hechos del pasado, es algo que surge de manera inconsciente o consciente, pero ocurre. Con esto debemos luchar y evitar que suceda con nosotros, la manera de quitarle la esencia a alguna situación, de la magnitud que esta sea, es cuando le buscamos alguna similitud con algún evento ocurrido.

Saber que cada instante es único y por lo tanto tiene su valor, nos dará el placer de saber aprovechar el presente de una manera más gratificante.

Pensar y reflexionar antes de actuar

La serenidad y reflexión siempre serán buenos consejeros, cuando se actúa de manera impulsiva se puede caer en el error de accionar de manera equivocada. Cuando se presente cualquier situación donde se vea envuelta tu relación, lo más conveniente es analizarla en conjunto y decidir cuál es el próximo paso a seguir.

Esta es la manera como nosotros podemos saber canalizar aquella situación y por ende aprovechar ese momento al máximo. Cuando se hace cualquier interpretación sin la debida evaluación, la respuesta que nosotros podamos llegar a obtener tal vez sea la más desfavorable, por esta razón la mejor manera de poder obtener resultados con los que nosotros estemos conformes es cuando se han colocado todos los puntos sobre la mesa y se ha hecho el debido procesamiento de la información en pareja. Esto nos va a ayudar a aceptar el momento independientemente de su resultado.

Sin prejuicios

Si para cada situación que se nos llegue a presentar exista previamente una calificación, nunca vamos a poder disfrutar lo novedoso del acontecimiento, ya que lo vamos a ubicar en una casilla como bueno o malo.

No perdamos la oportunidad de poder compartir con nuestra pareja cada instante, démosle a la vida el enfoque correcto, donde solo por el hecho de estar vivos y compartiendo ya es una bendición. No dejes para mañana palabras bonitas por decir, dilas hoy pues aquí estamos en el presente y mañana no sabemos.

Cerrando círculos de Paulo Coelho

Este es una publicación del escritor brasilero Paulo Coelho, lo vi y me parece muy acertado traerlo para que lo disfrutes en este apartado:

"Siempre es preciso saber cuándo se acaba una etapa de la vida. Sí insistes en permanecer en ella más allá del tiempo necesario, pierdes la alegría y el sentido del resto. Cerrando círculos, o cerrando puertas, o cerrando capítulos, como quieras llamarlo. Lo importante es poder cerrarlos, y dejar ir momentos de la vida que se van clausurando.

¿Terminó tu trabajo?, ¿Se acabó tu relación?, ¿Ya no vives más en esa casa?, ¿Debes irte de viaje?, Puedes pasarte mucho tiempo de tu presente "revolcándote" en los porqués, en rebobinar el cassette y tratar de entender por qué sucedió tal o cual hecho.

El desgaste va a ser infinito, porque en la vida, tú, yo, tu amigo, tus hijos, tus hermanos, todos y todas estamos encaminados hacia ir cerrando capítulos, ir dando vuelta a la hoja, a terminar con etapas, o con momentos de la vida y seguir adelante.

No podemos estar en el presente añorando el pasado. Ni siquiera preguntándonos porqué. Lo que sucedió, sucedió, y hay que soltarlo, hay que desprenderse. No podemos ser niños eternos, ni adolescentes tardíos, ni empleados de empresas inexistentes, ni tener vínculos con quien no quiere estar vinculado a nosotros.

¡Los hechos pasan y hay que dejarlos ir! Por eso, a veces es tan importante destruir recuerdos, regalar presentes, cambiar de casa, romper papeles, tirar documentos, y vender o regalar libros.

Los cambios externos pueden simbolizar procesos interiores de superación. Dejar ir, soltar, desprenderse. En la vida nadie juega con las cartas marcadas, y hay que aprender a perder y a ganar. Hay que dejar ir, hay que dar vuelta a la hoja, hay que vivir sólo lo que tenemos en el presente.

El pasado ya pasó. No esperes que te lo devuelvan, no esperes que te reconozcan, no esperes que alguna vez se den cuenta de quién eres tú. Suelta el resentimiento. Encender "tu televisor personal" para darle y darle al asunto, lo único que consigue es dañarte mentalmente, envenenarte, y amargarte.

La vida está para adelante, nunca para atrás. Si andas por la vida dejando "puertas abiertas", por si acaso, nunca podrás desprenderte ni vivir lo de hoy con satisfacción. ¿Noviazgos o amistades que no clausuran?, ¿Posibilidades de regresar? (¿a qué?), ¿Necesidad de aclaraciones?, ¿Palabras que no se dijeron?, ¿Silencios que lo invadieron?

Si puedes enfrentarlos ya y ahora, hazlo, si no, déjalos ir, cierra capítulos. Dite a ti mismo que no, que no vuelven. Pero no por orgullo ni soberbia, sino, porque tú ya no encajas allí en ese lugar, en ese corazón, en esa habitación, en esa casa, en esa oficina, en ese oficio.

Tú ya no eres el mismo que fuiste hace dos días, hace tres meses, hace un año. Por lo tanto, no hay nada a qué volver. Cierra la puerta, da vuelta a la hoja, cierra el círculo. Ni tú serás el mismo, ni el entorno al que regresas será igual, porque en la vida nada se queda quieto, nada es estático. Es salud mental, amor por ti mismo, desprender lo que ya no está en tu vida.

Recuerda que nada ni nadie es indispensable. Ni una persona, ni un lugar, ni un trabajo. Nada es vital para vivir porque cuando tú viniste a este mundo, llegaste sin ese adhesivo. Por lo tanto, es costumbre vivir pegado a él, y es un trabajo personal aprender a vivir sin él, sin el adhesivo humano o físico que hoy te duele dejar ir.

Es un proceso de aprender a desprenderse y, humanamente se puede lograr, porque te repito: nada ni nadie nos es indispensable. Sólo es costumbre, apego, necesidad. Pero cierra, clausura, limpia, tira, oxigena, despréndete, sacúdete, suéltate.

Hay muchas palabras para significar salud mental y cualquiera que sea la que escojas, te ayudará definitivamente a seguir para adelante con tranquilidad. … ¡Así es la vida!"

3 ejercicios de mindfuldness

El mindfuldness también es denominado como atención plena, sus orígenes vienen de la meditación budista, en Occidente fue introducido por Jon Kabat-Zinn, profesor de medicina emérito de la Massachusetts University Medical School, creador de la técnica de Reducción del Estrés Basada en la Atención Plena (REBAP).

Según estudios realizados se ha podido comprobar la eficacia de las técnicas terapéutica del mindfuldness, sobre todo en el tratamiento de la ansiedad, depresión y estrés.

En la actualidad debido a la tecnología, a nosotros nos cuesta mucho poder mantenernos enfocados en algo por mucho tiempo, siempre que estamos realizando cualquier actividad, a los minutos debemos atender otra, ya sea un correo electrónico muy importante, una llamada laboral, etc.

Inclusive si no es ningún agente que nos interrumpe, somos nosotros mismos quienes llegamos a pausar lo que estamos haciendo y nos enfocamos en otra cosa, esto ocurre mucho en la actualidad, quitándonos la oportunidad de disfrutar el momento presente.

El psicólogo de renombre Daniel Goleman, autor del libro "Inteligencia Emocional", llegó a manifestar que él había comprobado que aquellas personas que habían alcanzado un gran rendimiento, ya fuera en: los negocios, estudios, deportes o artes; son aquellos que han podido controlar y practicar formas de meditación inteligente.

La buena noticia que te tengo es que la atención se puede entrenar y alcanzar un buen nivel en cuanto a la percepción del presente se trata.

Aquí te muestro 3 ejercicios para que los pongas en práctica con tu pareja, también los puedes realizar sin esta, pero recuerda que mi enfoque es a mejorar y optimizar la relación de pareja, por lo tanto, estos puntos deben realizarse dentro de la relación y creara mayor evolución en esta:

1- Ejercicio de la fruta. Este consiste en tomar una pieza de fruta pequeña, ya sea: una uva, un gajo de naranja, o cualquier otra.

- Luego debes observar con detenimiento sus colores, sus tonalidades según la luz, la textura, etc.
- Cerrando los ojos y nos enfocamos en el tacto, tocamos toda su superficie, sus detalles, lentamente apreciamos todo su relieve.
- Para culminar, nos la colocamos dentro de la boca, sin abrir los ojos y comenzamos a saborearla muy calmadamente, sin morderla, pasándola de un lugar a otro con la lengua, saboreándola sin morderla. Luego comienzas a comerla, masticándola lentamente, saboreándola con mucho gusto, para finalmente tragarla.

2- Un minuto de respiración consciente. Este ejercicio es bastante simple y tiene la facilidad de que puede ser realizado a cualquier hora del día. Se basa en enfocar toda tu concentración al acto de la respiración como tal, durante un minuto. Se puede colocar un reloj o cronometro para cumplir con el ejercicio en el lapso de tiempo exacto de un minuto, inspirando por nariz y aspirando por la boca, en armonía. Debes centrar tu mente en toda la actividad de la respiración, movimientos, sonido y ritmo. Este tipo de práctica lo puedes realizar las veces que quieras en el día.

3- Concentración completa en actividades diarias. La finalidad de este ejercicio es lograr centrar tu mente en las actividades que para nosotros nos parezcan triviales y rutinarias. Se debe poner atención a todos los sentidos involucrados, tus sensaciones en todos los niveles, etc.

Es normal que al principio exista la tendencia a la distracción, pero debes esforzarte hasta que hayas alcanzado el nivel deseado. Las actividades a seleccionar, pueden ser: al cepillarte los dientes, escuchar música, la caminata al trabajo, entre muchas otras.

CAPÍTULO 7.
COMUNÍQUENSE DE FORMA FLUIDA

La forma como nosotros nos relacionemos con nuestra pareja viene a ser vital para darle sentido a nuestra relación, la comunicación será el reflejo de cómo es la manera de nosotros ver a aquella persona que nos acompaña en este tramo de nuestras existencias.

Principalmente esta se basa en el respeto y la comprensión, donde también se mezclan aquella educación que nosotros poseamos, como el saber aplicar las normas correctas para una interrelación de buen nivel.

Muchas relaciones llegan a acabarse cuando ambos ya no comprenden lo que la otra persona quiere o transmite, y precisamente esto se debe a que por algunos factores la comunicación se perdió. Tal vez por falta de interés o de enfoque, lo cierto es que cuando esto ocurre, la brecha va creciendo cada vez más, hasta que cuando se dan cuenta ya no hay manera de revertir el daño.

Ocurre que, por estos efectos que mencioné anteriormente, esa persona puede creer que lo está haciendo bien, que sus ideas y forma de pensar están siendo transmitidas de forma acertada, esta no se dará cuenta hasta que comiencen a surgir los problemas, las diferencias y las conversaciones desagradables.

Motivado a lo que representa la comunicación para una buena relación de pareja, te voy a presentar los aspectos más resaltantes para que puedas hacer un buen uso de esta, que te traiga muchos beneficios y que tanto tu como tú pareja puedan sacar el mayor beneficio de mi exposición.

Errores comunes en la comunicación de pareja

Principalmente la falta de comunicación en una relación se debe a la falta de respeto, esto ocurre cuando no se le da la debida atención a lo que el otro quiera expresar, o el anteponer nuestros intereses a los de nuestra pareja. Te detallaré cuales son los principales errores en lo que podemos caer al momento de comunicarnos en pareja:

- Dar la razón sin estar de acuerdo. Incluso hasta llegando a hacer la observación al respecto.
- Demostrar falta de interés por los puntos de vista del otro.
- Utilizar tácticas de manipulación para hacer que la pareja actúe a favor.
- Pretender hacer que el otro sea como queremos que sea.
- Imponer a toda costa nuestro criterio.
- Impedir que la otra persona se exprese.
- Interrumpir sin dejar participar a la otra persona.
- Manifestar inconformidad, de cualquier tipo, con la pareja.

Haciendo un buen uso de la asertividad en la comunicación dentro de nuestra relación

Comenzaré por definir, según Wikipedia, la palabra asertividad: "La asertividad es una habilidad social que consiste en conocer los propios derechos y defenderlos, respetando a los demás; tiene como premisa fundamental que toda persona posee derechos básicos o derechos asertivos. Como estrategia y estilo de comunicación, la asertividad se sitúa en un punto intermedio entre otras dos conductas polares: la pasividad, que consiste en permitir que terceros decidan por nosotros, o que pasen por alto nuestros derechos; y por otro lado tenemos la agresividad, que se presenta cuando no somos capaces de ser objetivos y respetar las ideas de los demás."

La asertividad es la que va a permitir que nosotros hagamos valer nuestros derechos como tal, así como también nos enseñará a respetar los de los demás. Es decir así como para nosotros será muy relevante nuestro punto de vista, de igual forma respetaremos la forma de pensar de los otros.

Mientras más asertivos seamos, más respeto mostraremos por nuestro prójimo en lo que respecta a sus ideales, pues aprenderemos a hacer valer nuestros pensamientos, dándole valor al de los demás.

Mantener este principio en nuestra relación de pareja nos va a ayudar a darle una verdadera importancia a todo los que nos llegue a manifestar nuestra pareja, independientemente del medio que utilice. Pues en algo que tengo que hacer énfasis, es en que la comunicación puede ser de diversas formas, nosotros nos expresamos tanto verbal como corporalmente.

En ambos casos tenemos que ser igual de cuidadosos y responsables con lo que lleguemos a manifestar.

¿Cómo ser más asertivo?

Para llegar a ser más asertivo debemos poner en práctica ciertas condiciones que nos van a favorecer en cuanto a la comunicación con nuestra pareja, aquí te expongo 6 aspectos muy importantes que deben ser tomados en cuenta para adoptar esta conducta:

1- Manifiesta agrado por sus cualidades. Todos tenemos aspectos positivos y negativos, siempre es bueno hacerle ver a nuestra pareja lo tanto que se destaca en algo y lo bien que esa cualidad le hace a ambos. Muchas veces no decimos nada porque parece obvio, pero recuerda que las buenas palabras nunca están de más.

2- Acepta los elogios. Cuando nuestra pareja nos haga algún comentario positivo sobre nosotros, debemos agradecer, aceptar de buena forma su observación. A estos detalles no podemos darle poca importancia, pues son precisamente los que contribuyen al desgaste de una relación.

3- Aprende a decir "No". Aceptar algo sin estar convencido, solo por tratar de agradar al otro o por cualquier otra causa, nos va a hacer sentirnos mal con nosotros mismos. De la misma forma te puedo asegurar que la otra persona también se dará cuenta tarde o temprano y va a ser peor. Lo mejor es siempre ir con la sinceridad por delante.

4- Demuestra tu forma de pensar. Dar a entender lo que sientes y piensas es la mejor forma de que te lleguen a entender sobre lo que sucede en tu interior. Llegar a pensar que el otro, está en la obligación y el compromiso de adivinar lo que pasa por tu mente es actuar de manera irresponsable.

5- Cuida tus palabras. Cuando queramos expresar cualquier cosa debemos tener mucho cuidado con lo que digamos y como lo hagamos, recuerda que en un momento de ira muchas veces se puede llegar a descalificar o utilizar términos que luego sea muy difícil de retractarse. Con rabia o molestia lo mejor es serenarse un poco y luego hablar.

Es muy importante tomar en consideración los siguientes aspectos:

- Hacer preguntas en lugar de acusar directamente.
- Realizar el respectivo comentario sin descalificar.
- Evitar utilizar términos que generalicen, por ejemplo siempre o nunca.

6- Utiliza términos asertivos en tus expresiones. Existen muchas expresiones que pueden utilizarse, en este sentido, como por ejemplo: pienso, siento, que te parece, como crees tú, etc.

Debemos saber que utilizar la asertividad no implica que todo vaya a marchar como debe ser, pues recuerda que este punto tiene que ver con la comunicación y este solo es un componente de la misma, por lo tanto requiere algo más de esfuerzo en otras áreas. Lo que si te puedo decir es que llevando a cabo estas indicaciones te ahorrarás una gran cantidad de malestares futuros.

5 consejos para mantener una buena comunicación en tu relación de pareja

1- Recuerda que no es lo mismo oír que escuchar. Escuchar significa poner atención a lo que se percibe, oír es captar a través del sentido auditivo alguna señal. Como puedes ver son dos cosas distintas.

Muchas veces hacemos que estamos escuchando a nuestra pareja cuando en realidad no es así, sobre todo si hay algún cuestionamiento hacia nosotros mismos. En otros casos podemos apreciar a parejas que conversan mucho, pero al final no se escuchan, luego aparecen los efectos de la situación.

En otras ocasiones, cuando alguno de los dos está realizando algún planteamiento y el otro comenta solo para introducir sus historias personales, sin darle tiempo al interlocutor de terminar su exposición, mucho menos de llegar a prestar la debida atención.

Te recomiendo que cuando tu pareja te exprese su punto de vista o te transmita cualquier tipo de información, indaga sobre el asunto, muéstrale tu genuino interés, que se dé cuenta de que para ti importa lo que está manifestando.

2- Si te llegas a equivocar rectifica y hazlo saber. Errar es de humanos, por lo tanto cuando esto llegue a ocurrirte, generando un clima de malestar dentro de tu relación, lo primordial es disculparte y hacer el reparo correspondiente, materializar tu intención de resarcir el daño ocasionado.

No sirve de nada que te sientas mal por lo sucedido y que no manifiestes tu verdadera intención de arreglar lo deteriorado por tu actuación. Recuerda que también tu pareja se estará sintiendo afectada por tu equivocación.

3- Descubre lo que le encanta a tu pareja. Como la relación de pareja consiste precisamente en la unión de dos personas, es por esta razón que la comunicación pasa a ser fundamental en la evolución de esta, ya que va a ser el punto de unión entre estas dos maneras de ver el mundo.

Saber cuál es la pasión de tu pareja viene a ser el factor que va a lograr que la compenetración entre ambos sea hecha de una manera sincera, donde la misma servirá de apoyo para consolidar ideas comunes.

4- Acostúmbrate a hacer preguntas abiertas. Este tipo de preguntas son las que dejan opción a un diálogo y comunicación más extenso. Lo contrario son aquellas que se contestan, por ejemplo, con un "Si" o un "No", sabiendo que ambas pueden ser parte de una conversación, debemos inclinarnos por las primeras cuando nos estemos refiriendo a nuestra relación de pareja.

Por una parte hace que la otra persona sienta la invitación a participar en una conversación y por otra parte demuestra el interés tuyo por compartir un poco más a través de este intercambio de palabras.

CAPÍTULO 8. MANTÉN TU INDIVIDUALIDAD

Cuando una persona decide comenzar una relación sentimental con otra, esta viene con una gran cantidad de costumbres, intereses y gustos ajenos a esta nueva que está entrando en su vida. Tanto sus familiares como amistades vienen a ser algo nuevo para aquel que está incorporándose como pareja.

Esto siempre llega a causar cierto impacto, pues según como sea el temperamento y carácter de la otra persona, se debe saber que hay que darle la importancia respectiva a este asunto.

La idea principal es que cada uno sepa dar la acogida al otro sin llegar a pretender que el otro deje por completo su vida anterior para que únicamente se dedique a este último. Lo que se debe pretender es que con mutuo respeto se haga la nueva adaptación de vida al nuevo estilo de esta. Donde se harán los cambios que hagan falta, pero sin que nadie tenga que sacrificar su individualidad, ni impuesta ni siquiera por voluntad propia, pues nacimos para ser diferentes.

Muchas veces se puede dar la situación donde uno de los miembros de la relación le exige al otro que debe borrar todo su pasado y dejar todo atrás, para que comience una nueva vida con él y con los allegados del mismo, este tipo de eventualidad es la que no debemos permitir.

¿Cómo mantener la individualidad en la pareja?

Cada persona requiere su privacidad y por ende su espacio. Muchas veces necesita tiempo para reflexionar, para meditar o para resolver algún acontecimiento de su familia y que esta prefiera manejarlo con la mayor discreción posible, estas cosas hay que respetarlas. Por esto te traigo 9 consejos para poner en práctica, en tu relación de pareja, para que puedas mantener de forma adecuada tu individualidad.

Dedícate tiempo

No necesariamente deban estar juntos todo el tiempo en una relación, cada quien necesita dedicar tiempo y espacio a sus propósitos personales. Debe haber momentos donde es indispensable que te los dediques a ti mismo. Compartiendo con familiares, dando un paseo corto por el parque, leyendo un libro en la biblioteca, etc.

Mantén siempre cerca a tus familiares y amigos

Cuando se inicia una relación se debe considerar que inicialmente tuviste familiares y amigos, por lo tanto el contacto no se debe perder debido a la presencia de esta nueva persona en tu mundo, una cosa viene a ser el complemento de la otra, nunca la sustitución.

En la actualidad gracias a tanta tecnología no puede haber excusa para no mantener una comunicación permanente con aquellos seres que amamos y que han sido parte de nuestra formación como lo que somos en la actualidad. Por lo tanto se debe estar siempre al tanto de todos aquellos que nos importan y que forman parte de nuestra esencia.

Intégralo a tu mundo

Algo que nosotros debemos saber es que cuando nos interesamos en alguien, precisamente es su forma de ser la que nos atrae, por lo tanto si nosotros involucramos a nuestra pareja con nuestros gustos, esta se sentirá más interesado aun en ti, por lógica. Por otra parte también lo estarías incorporando a tus intereses y círculos sociales, con la ventaja que esto trae consigo, conocería más a fondo tus orígenes, estarías dando mayor transparencia, así como aprovecharías al máximo tu tiempo.

Sigue con tus actividades

Cuando pasas a formar parte de una relación de pareja, tú vienes con una gran cantidad de planes y actividades dentro de tu rutina diaria de vida, algo que has venido formando a través de los años. El hecho de que ahora vayas a compartir tu vida no implica que debas sacrificar lo que ya estabas haciendo.

Tus labores, hábitos y actividades diversas deben mantenerse si es tu gusto, tal vez adaptar algunos horarios o métodos, pero no debes llegar a pensar en eliminarlo por el solo hecho de haber llegado una persona a tu vida.

Haz lo que te gusta

Aquello que siempre te haya gustado hacer o que lo dejaste para hacerlo en otro momento, y es ahora, debes hacerlo igualmente si estás solo o acompañado. No puede llegar a ser un impedimento el hecho de que ahora tengas una relación.

Es muy normal que los gustos de ambos sean distintos, puedes incluso hasta invitar a esa persona a que te acompañe en tu pasión, pero nunca apartarte de esta por motivos de una nueva compañía.

Hablen sobre lo que cada quien quiere

Como lo he venido planteando con anterioridad, cuando dos personas se conocen cada uno tiene sus expectativas de vida. Existen metas ya fijadas por las que se han propuesto luchar, cuando surge una relación siempre es bueno exponerlas, que cada quien sepa cuáles son los objetivos personales del otro, es más hasta se puede llegar a coordinar un apoyo. Lo cierto de este asunto es que cada quien seguirá con sus metas personales y aparte hará sus metas de pareja, las cuales serán en mutuo acuerdo.

Mantén tus propias ideas

Tu forma de pensar, a modo general, debe ser manteniendo siempre tus puntos de vista, así como tú debes respetar los pensamientos e ideales de tu pareja debes de igual forma mantener los tuyos y hacerlos respetar.

Comprende al otro

Para nosotros mantener nuestra identidad debemos también saber comprender a nuestra pareja. El porqué de sus acciones, saber aceptarlas siempre y cuando estas no nos hagan daño ni interfieran con nuestros propósitos.

Ten momentos a solas

Los momentos de nosotros poder compartir con nuestro yo interno son importantes, ratos de reflexión y meditación. Donde nosotros podamos poner en orden nuestros planteamientos y organizar nuestras estrategias que rigen nuestras acciones. No debemos prescindir de estos.

CAPÍTULO 9.
DESCUBRE EN QUÉ IDIOMA HABLA Y APRÉNDELO

Para este apartado haré mi exposición basándome en un trabajo realizado por el psicólogo estadounidense Gary Chapman, el cual escribió un libro llamado "Los 5 lenguajes del amor", donde este manifiesta que para que exista una comunicación plena, ambas partes deben involucrarse de una manera donde cada quien sepa interpretar lo que el otro quiere decir. En este sentido se engloba todos los aspectos involucrados.

Se hace referencia a que se debe saber definir lo que quiere transmitir la otra persona así no existan palabras, si fuera el caso. Hace un especial énfasis en el lenguaje emocional del amor.
Donde llega a expresar que este sentimiento universal, muchas veces puede no llegar a tener el alcance esperado, cuando muchas veces no se puede llegar a apreciar el mensaje que se quiere dar, esto ocurre debido a que este par de personas están hablando lenguajes distintos de amor.

Es lo mismo que ocurre cuando dos personas tratan de comunicarse en dos idiomas diferentes, donde ninguno tenga dominio del expresado por el otro.
Los cinco lenguajes a los que hace referencia Chapman, son los siguientes:

Palabras de afirmación

Este es el lenguaje que se fundamenta en las palabras afectuosas y agradables para aquella persona que posea esta inclinación. Es la manera como puede llegar a interpretar el amor que le tiene la pareja. Su proceder y actitud depende fundamentalmente de aquellas frases que perciba de su compañero.

Independientemente si la pareja de esta persona llegue o no a tener dominio sobre este tipo de manifestación, para poder llegar a su pareja y mantener en equilibrio su relación, debe a toda costa aprender a utilizarlo, ya que de esta manera podrá garantizar la armonía en dicha sociedad.

Puede ser que aquella persona diga que para esta es algo complejo el manejar este tipo de expresiones y frases, pues déjame decirte que ahora con el uso de la tecnología todo es más fácil que antes. Con el solo hecho de tener la intención y de hacer la investigación respectiva, obtendrá frases de reconocimiento, de elogios, afirmativas, palabras de ánimo, etc.

Sólo debes tomar nota, aprenderlas si es posible y saber ubicar el momento preciso para abordar el asunto con tu guion ya previamente diseñado.

Tiempo de calidad

En este lenguaje predomina es el momento exclusivo que se le pueda dedicar a la relación como tal. Donde exista la compenetración y el aislamiento de cualquier elemento externo que pueda restar la calidad de los minutos compartidos.

No se debe confundir con que esto corresponda al solo hecho de estar dos personas juntas un rato, debe ser lo que representa el momento en sí. No es lo mismo estar conversando sobre algún evento futuro, donde ambos estarán involucrados en un lapso de tiempo cercano, o sobre algún problema de una de las familias, no es esto a lo que hace referencia. Aquí se hace un especial énfasis en la integración como pareja, la felicidad del instante compartido.

Regalos

Aquí el gesto de dar es lo que realmente tiene un gran valor y significado, no es en sí el costo comercial que puede tener el presente. A esta persona le agrada el poder apreciar la manifestación del amor a través de un obsequio, sea lo que sea, recuerda que tu presencia también es un regalo.

Este es un símbolo que representa la unión entre dos personas, desde culturas milenarias siempre se ha usado. Recuerda el significado que tienen los aros matrimoniales en la boda.

Esta persona se siente completamente compenetrada con cualquier halago que se le haga en este sentido. El hecho de que la persona tome la iniciativa en este sentido y busque agradar a su pareja a través de este medio, te aseguro que tendrá unos resultados muy significativos en la relación, de manera positiva.

Acto de servicio

Las expresiones de amor que pueden expresarse a través de este lenguaje consisten en hacer aquellas actividades donde se involucren un servicio por el bien de la pareja o de la relación. Que se ponga de manifiesto la buena voluntad y la dedicación desinteresada en todo momento, la única finalidad es la de prestar esa colaboración y agradar a la otra persona.

La convicción debe ser transmitida en la acción en todo su sentido, no puede haber espacio para la duda, con respecto al verdadero interés de hacer lo que se deba de una manera consciente y a manera de apoyo, con la finalidad de establecer la consolidación de la relación.

Contacto físico

El contacto físico es para todo ser el primer lenguaje que llega a aprender. Desde que salimos del útero son aquellas muestras de afecto y amor las que podemos percibir, las caricias, abrazos y ese contacto físico.

Los principales requerimientos de aquella persona en cualquiera de sus momentos más emotivos, ya sea por alegría o tristeza, va a ser con un buen abrazo, un apretón de manos o un beso.

El aspecto sexual es sumamente importante para este tipo de personas, debes saber entender cuál es la demanda de tu pareja, para que puedas cumplir a cabalidad.

Tomar la iniciativa

Tu responsabilidad con la relación parte de saber descubrir con cuál de estos lenguajes es que tu pareja se identifica y tomar la iniciativa, con la finalidad de poder encontrar una integridad absoluta dentro del vínculo.

Por supuesto que existe otro punto el cual también se involucra, este es el de hacer entender a tu pareja por tus gustos e inclinaciones. Tú ya estarás preparado para accionar en este ámbito y seguramente lo lograrás de manera acertada, ahora debes transmitirle a tu compañero sentimental, cual es el lenguaje por el que más te inclinas, para que esta también hable tú mismo idioma en el amor.

CAPÍTULO 10.
TEN CONFIANZA
EN TU PAREJA

La confianza es creer en la fidelidad de la otra persona, saber que así no estés presente aquella persona va a respetar ese compromiso existente contigo y su comportamiento será el mismo aún en tu ausencia.

Hay personas que así nunca haya existido motivo alguno para poner en duda la lealtad de la pareja, siempre desconfían. Esa es su naturaleza, se encargan de buscar hechos así estos no existan, debido a esto ellas renuncian a la felicidad, pues nunca podrán estar bien con ninguna persona. Ellas parten del punto de que todos somos infieles.

Otras en cambio confían extremadamente en la otra persona, al punto de que no llega a creer nada de lo que le dicen, así les lleguen a mostrar pruebas e incluso hasta si es ella misma quien observa los acontecimientos, pero le cree más a su pareja o a su forma de apreciar su entorno.

Prácticamente estos son los dos polos opuestos. Ahora ¿qué sucede cuando tú te encuentras en el punto intermedio de estos dos referenciales?

La persona común debe ser aquella que confía en su pareja hasta que se demuestre lo contrario. Luego de esto vienen los dilemas, sobre que decisiones tomar, cuando ha ocurrido la falta en algo que no se esperaba.

La infidelidad en el hombre

Por lo general en el hombre existe mayor tendencia a la infidelidad, esto se debe a varios factores, entre los cuales podemos mencionar:

- Inmadurez. Cuando no existe responsabilidad en ningún sentido para adquirir un compromiso de pareja. No existe seriedad alguna con lo que se hace, esto ocurre en cualquier área de su vida, haciéndose más notable en sus relaciones de pareja.
- Creencias. La forma en que este pueda apreciar su mundo externo, lo que se permita y lo que no. En su mente existe la libertad para hacer lo que se disponga, sin ningún tipo de restricción ni cuestionamiento de ningún tipo.
- Crianza. Cuando se proviene de un hogar donde la infidelidad por parte del hombre es algo normal y hasta divertido. Entonces aquel individuo no ve ni se dará cuenta de que esto es una grave falta en una relación.
- Inestabilidad emocional. Si en aquella persona nunca hay conformidad ni equilibrio con ninguna persona, siempre se sentirá inconforme y seguirá probando suerte con otras personas, independientemente de su situación sentimental en el momento.
- Falsa apreciación de la realidad. Esto ocurre cuando se tiene la seguridad de que se merece otra cosa mejor, ya sea por condición económica, física, de edad o de cualquier otro tipo. Es decir, están con una mujer pero buscan otra mejor según sus cualidades predeterminadas.

Podría mencionar otras más, pero igual sería con el mismo fin, el de poder dar a entender que la infidelidad en el hombre es más común que en el de la mujer.

Es más, para nadie es un secreto que podríamos hacer referencia a los hechos de la historia y apreciaríamos como desde nuestros antepasados, en muchas culturas, esto era algo normal, el hombre podía tener muchas mujeres o la infidelidad era algo común. Nunca así para la mujer.

La confianza en la mujer

En el caso de la mujer es muy distinto al del hombre. Si por alguna razón se viera envuelta en una situación de este tipo, donde sea en esta que recaiga la responsabilidad, podrían ser por alguna de estas causas:

- Situación económica. Una mujer en una situación crítica y tomé esa iniciativa para poder mejorar su situación financiera.
- Crianza. Algo parecido al caso anterior, esta proviene de un hogar donde este tipo de actitud se considera como normal.
- Interés. Personas que carecen de escrúpulos y son capaz de entregar cualquier cosa a cambio de algo que desean.

Son los casos más comunes, pues no se puede considerar el que haya traición por amor, pues para eso debe existir la comunicación y si una persona dejo de amar a otra, antes de ser infiel debería romper con su compromiso actual y continuar su vida con aquella persona que cree va a ser una mejor opción.

¿Cómo recuperar la confianza en tu pareja?

Cuando llega suceder algún acontecimiento, que llega a poner en evidencia que ocurrió la infidelidad por parte de alguno de los integrantes de la relación, se llega a generar un clima de conflicto e incertidumbre. En ese instante la continuidad de aquel compromiso sólo queda en manos de ambos, dependiendo esto del nivel de aceptación y de sensatez.

Muchas veces ocurre que cuando se cae en una situación de este tipo, la persona que ha faltado se arrepiente de lo que ha hecho y pide perdón, demostrando de alguna manera que no volverá a caer en ese tipo de actuación y que lamenta todo lo ocurrido.

Desde el otro lado podemos ver que esa relación dependerá de si su pareja le aceptará la disculpa y creerá en su argumento o echará por tierra lo construido hasta ese momento, pues más nunca volverá a creer en este y por lo tanto no correrá ese riesgo de nuevo.

Algo en lo que voy a hacer un especial énfasis es en el hecho de que el criterio que se utilice para entrar en desconfianza puede ser muy variado. Esto lo digo pues lo que puede llegar a ser motivo para una disputa en una relación, para otra pareja es algo de rutina.

Entonces aclaro que cuando menciono infidelidad lo hago en todo el sentido de la palabra, donde se haya llegado a comprobar la existencia de otra pareja en una persona que tenía otro compromiso con una persona distinta.

Luego de que esto se haya comprobado, por parte de la persona afectada, y esta quiere continuar con su relación, a pesar de lo sucedido, optando por realizar el esfuerzo necesario pues aprecia que su relación vale la pena recuperarla, entonces te muestro mis tips de recomendaciones para que la iniciativa no se quede en el camino.

Recuerda que es tu decisión

Si has decidido continuar con tu relación, a pesar de lo sucedido, ten muy en cuenta que es tu selección y solo tuya, no debe existir interferencia de nadie más ni influencia externa sobre esta. Si estás conforme, entonces sigue adelante.

Olvida los reproches

Se supone que si has optado por continuar, es porque le vas a echar tierra a todo lo acontecido, no puedes decir que vas a continuar para estar recordando cada vez lo sucedido. Puede ser que llegues a estar más pendiente de sus acciones, pues la desconfianza no se puede eliminar de un día para otro, pero tenemos que aceptar conformes, esta nueva etapa.

Enfócate en todo aquello que te hace confiar

Todas las personas estamos compuestos por aspectos positivos y negativos, puede ser que no haya equilibrio y que en algunos esté, más marcada una tendencia que otra, pero esto no hace a nadie ni completamente bueno ni completamente malo.

Por lo tanto, al ocurrir una situación como esta, lo más conveniente es que al pasar la página, debemos enfocarnos en apreciar las cualidades positivas de nuestra pareja, aquellas que tienen que ver con la generación de confianza, esas que nos van a hacer creer de nuevo en la estabilidad de nuestra relación.

Practica la confianza

Todo aquello que vayas practicando con frecuencia al final se convierte en una costumbre, puedes partir de este principio para hacer que en tu relación vuelva a surgir la confianza y lealtad que tanto aspiras. Realizar algunos tipos de ejercitaciones para fomentar seguridad del uno por el otro.

Si hace falta la asesoría u orientación por parte de algún especialista en el área, y que ambos estén de acuerdo, no lo dudes ni un instante y hazlo.

Cambia tus creencias sobre cómo recuperar la confianza

Como lo he venido manifestando a través de este contenido, nuestra formación dentro del hogar materno viene a crear un concepto sobre todo aquello que nos rodea, pudiendo ser verdad o mito, pero estas quedan arraigadas en nuestro subconsciente como algo afirmativo, son nuestras creencias.

Si hemos decidido perdonar y continuar, pero una parte de nosotros se aferra a aquellos prejuicios, a esas ideas que quedaron grabadas en nuestra mente y que no nos dejan aceptar por completo la determinación adoptada, entonces hay que centrarnos en modificar ese pensamiento, esa creencia que no nos deja tomar la determinación ya evaluada y aceptada.

La confianza se construye entre ambos

En una relación la confianza se crea entre ambos, no es algo que se debe ganar. Entre los dos deben construir este comportamiento e ideal. Por convicción y estando seguros de que todo lo que se cree en pareja está basado en un esfuerzo y dedicación de dos personas, no es cuestión que pueda llegar a recaer sobre uno solo.

Ejercicios prácticos para incrementar la confianza en la relación de pareja

Es conveniente que pongamos en práctica algunas estrategias con la finalidad de poder incrementar la confianza dentro de nuestra relación de pareja. Considerando que este aspecto viene a ser fundamental para el fortalecimiento de la misma.

Aquí te dejo 5 ejercicios para que los ejecutes en conjunto con tu pareja:

- Dile a tu pareja un secreto bien guardado. Algo que tú sepas y que la otra persona no esté al tanto, algo que a esta no le vaya a afectar de ninguna forma, que solo sea información para esta.
- Díganse por qué se aman el uno al otro. Con palabras, cada uno al frente del otro, que lo oiga de una manera sincera.
- Pide perdón. Cuando haya una razón debes disculparte y mostrar arrepentimiento.
- Pregunta cómo mejorar la confianza de pareja. Es bueno saber cuál es la exigencia del otro para sentir confianza en uno.
- Haz que tus acciones vayan a la par con tus palabras. Demuestra que todo tu ser está en sintonía.

CAPÍTULO 11. EL RESPETO DENTRO DE LA RELACIÓN

Toda persona merece recibir respeto como tal, independientemente de donde se encuentre y de sus condiciones. Nosotros siempre estamos dispuestos a exigirlo hacia nuestra persona o los nuestros. Debemos saber que así como lo pedimos, también debemos estar en condiciones de darlo.

Cuando se trata de una relación de pareja esta no será la excepción, el respeto mutuo es algo que también será definitivo en la duración de esta. La solidaridad, nuestra forma de expresarnos, el sentido de reciprocidad, entre otras, son aspectos que definirán en qué nivel nosotros estamos comprometidos a respetar.

Por lo general las relaciones de pareja tienen un comienzo donde existe la comprensión y el mutuo respeto, de la misma manera esto también tiene la tendencia a ir disminuyendo a medida que va pasando el tiempo, cuando se llega a permitir que los factores externos vayan deteriorando el trato en la relación.

Factores derivados del estrés laboral, problemas económicos o de otra índole vienen a traer consigo unos cambios temperamentales, que si no se controlan pueden generar daños irreparables en la forma de verse el uno al otro.

Lo que se debe saber es que nadie está exento de todos aquellos problemas que vienen a desarrollarse en una magnitud bastante considerada, lo que tenemos es que poner de nuestra parte y saber dejarlos fluir, que los mismos no vayan a hacer que nuestra personalidad llegue a transformarse a un nivel donde ya nuestra pareja ni siquiera recuerde como éramos originalmente.

Si queremos mantener la armonía y estabilidad en nuestra relación, llegando a controlar el respeto dentro de esta, ten en cuenta estas consideraciones:

- Respeto como ser humano. Todos merecemos respeto por el solo hecho de ser seres humanos, tanto de darlo como de exigirlo. Nada ni nadie puede venir a vulnerarnos ese privilegio, así como tampoco nosotros debemos permitirlo.
- Respeto hacia la personalidad. Todos los seres humanos somos distintos y eso es lo más significativo cuando ocurre una atracción entre dos personas, se supone que lo que llega a interesarle es su forma de ser, sus rasgos personales y muy propios. Por esta razón es que se debe respetar este aspecto y por ningún motivo se puede permitir que se exija un cambio para que pueda mantenerse una situación de empatía y aceptación.
- Respeto a las emociones. Lo que sienta la otra persona debe respetarse, independientemente de que sea alegría o tristeza, recuerda que son dos seres humanos en una convivencia en común y por lo tanto existe una gran cantidad de emociones que circulan desde distintos sentidos.

Como influye el entorno en el respeto dentro de la pareja

El entorno social donde se llegan a desenvolver las personas, viene a ser un elemento que de alguna manera llega a influir en como las parejas se tratan en su intimidad. Esto depende directamente de como sea el grado de compenetración de los ideales de ese grupo en el individuo como tal.

Cuando la persona es de personalidad débil, fácil de manipular, puede llegar a reflejar esas malas conductas, las que aprenderá de su entorno y de la misma manera querrá transmitirlo en su hogar con su pareja.

Si las personas con las que pasa el mayor tiempo son unos abusivos y egoístas, que se jactan de todos los maltratos que le causan a la persona que está con ellos, entonces aquel también caerá en la misma actitud.

5 claves del respeto en la pareja

El respeto es algo tan necesario dentro de la relación de pareja, que prácticamente es uno de los grandes pilares que hacen que esta sea motivo de felicidad a través del tiempo. Sin llegar a menospreciar los otros aspectos que he venido tocando, y que más adelante seguiré exponiendo, quiero decirte que este factor viene a ser un de las mayores causas de separación en el mundo.

Lo que sucede es que cuando este se pierde, el mismo viene decayendo de manera silenciosa, sin darnos cuenta comienzan los gritos, las malas respuestas, la indiferencia, entonces al alcanzar un mayor nivel, se hace ya insostenible la relación, siendo mejor la ruptura definitiva.

Para que esto no ocurra contigo en tu relación, te daré cuales son estos aspectos que debes tener en cuenta:

1- Debe existir intencionalidad de respeto. En primer lugar este debe ser sincero, salir del corazón. Las personas fingen mucho de una óptima relación de pareja, no podemos dejarnos llevar por todo lo que vemos en las redes sociales y aquellos medios de comunicación, donde apreciamos tantas parejas felices, que en la realidad viven de manera falsa.

En estos casos, casi en su mayoría, es precisamente la falta de respeto la que termina por borrar todo lo bueno que compartían y termina transformándolo en fracaso.

Si te pones a analizar en todos aquellos elementos que conforman una relación, cuando alguno de estos se ve deteriorado, al final se refleja en actitudes con falta de respeto hacia la otra persona.

Uno de los aspectos que más atenta contra este principio es el hecho de que las personas saben exigir respeto más no les importa tenerlo con su prójimo ni con la pareja, por su forma egoísta de actuar.

Lo más importante es que lo demostremos constantemente, si en una relación hay amor, pero no hay respeto, de nada sirve, tarde o temprano se acabará.

2- La empatía, un factor indispensable. La empatía es un aspecto sumamente importante dentro de la sociedad, es aquella condición que nos ayuda a visualizar a nuestro semejante como parte de nosotros mismos, nos estimula a realizar un trabajo en equipo y nos facilita la aceptación y el entendimiento con nuestros compañeros, en este caso sería con nuestra pareja.

Con la existencia de este aspecto en nuestra relación sentimental, tendríamos asegurado el respeto mutuo, ya que esta cualidad va de la mano con la consideración hacia la otra persona.

3- Conocer a la pareja en todos sus ámbitos. Muchas veces se cree conocer a la persona que está a nuestro lado, cuando en realidad estamos viendo es lo que queremos ver, no lo que aquella nos está transmitiendo.

Por lo general las personas buscan la transformación de su pareja, amoldarla a lo que estos quieren. En ella ven los gustos e intereses propios, no se molestan en preguntar o percibir que es en realidad lo que a esta le parece bien.

Esto ocurre hasta en las cosas más pequeñas que puedas llegar a imaginar, como la música, los colores, los programas de TV, etc., tanta gente dice conocer a su pareja y en realidad es a sí mismo que se conocen.

La mejor manera de construir una relación sólida es a través del entendimiento y la aceptación de que la relación está compuesta por dos personas diferentes, y esto debe aceptarse y saberse compartir.

4- La gratitud. El ser agradecido es una parte del respeto, es saber valorar el esfuerzo de nuestra pareja. No importa el tamaño de la acción, lo que importa siempre es la intención, por esto debes decirlo, expresarlo, que el otro sepa que estas a gusto con aquello que se hizo y que tú le distes importancia y aprecio por el gesto.

5- La importancia de los pequeños detalles. Los detalles pequeños ocurren a diario, es por esta razón que saberlos apreciar y compartir vienen a ser la esencia de una buena relación. Ese compartir, viene a reflejar la magnitud del respeto que existe en nuestro corazón hacia la otra persona. Demostramos que no hace falta que hoy sea un día especial para darte a entender lo maravilloso que es estar a tu lado.

Cuidado con las relaciones tóxicas

Una relación basada en el chantaje, donde no exista ni el respeto ni la comprensión, es tóxica. Este es un tipo de unión que no es recomendable, pues siempre sus efectos suelen ser negativos.

Saco a relucir este punto en este apartado, a pesar de que el mismo envuelve varios factores, ya que principalmente se basa en la falta de respeto que llega a surgir de este vínculo.

La misma se conforma por dos personas, donde una es la manipuladora, la que quiere sacar provecho de la relación sin contemplación alguna para su acompañante, por una parte, y por la otra la persona a la que se le vulneran todos sus principios y no se le da el respectivo valor que esta merece.

Para saber si te has dejado involucrar en una relación de tipo tóxica, te doy estos 6 consejos:

1- No te hace feliz. No lo llegas a percibir, pero estas por algo con aquella persona, pero no te hace sentir bien, sientes que falta algo.

2- Existe chantaje emocional. Siempre se puede apreciar la manipulación, donde constantemente utilizan la parte afectiva para hacer que el otro haga exactamente lo que esta quiere.

3- Relaciones de exclusividad. Poco a poco va apartando a todo aquel que era compañía para su pareja, desde familiares hasta amistades del pasado.

4- Relación de dependencia. Manifiesta de manera constante que necesita de la otra persona para poder lograr la felicidad.

5- Relaciones que utilizan la culpa. Por lo general viven recordándole a la persona que ha hecho mal con este en el pasado. Como que siempre el otro estuviera en deuda con esta.

6- Absorben la energía. En esta relación, la persona que es utilizada siente que cada vez que comparte con su pareja se siente más débil, agotado y fatigado.

CAPÍTULO 12. ESCUCHA A TU PAREJA

Escuchar a nuestra pareja no es otra cosa que aprender a interpretar lo que esta nos quiere manifestar, de una manera clara y que sepamos qué acciones tomar a partir de esa interpretación. Pues no se estaría completando el ciclo, si lo que llegamos a percibir no ejerce algún estímulo sobre nuestra forma de actuar.

Todo lo que he venido exponiendo a lo largo de este contenido está entrelazado, a pesar de que pueden llegar a parecer que estuviéramos tocando temas correspondientes a otros capítulos, la idea aquí es que cuando algún punto sea sumamente importante, lo comentaré de manera breve, con la finalidad de dejarlo para exponerlo en otro capítulo más detallado, de forma completa.

Existe en la actualidad un dilema, sobre una comparación entre la mujer y el hombre, acerca de quién de los dos es mejor escuchando a su pareja. Pues prácticamente en encuestas realizadas, ninguno llego a sobresalir por encima del otro. Lo que da a entender que por sexo, ambos grupos son igual de malos oyentes.

La comunicación es y será siempre algo compleja entre las parejas, sobre todo al inicio de una relación, pues al momento de tener que transmitir algo, son diversos los mecanismos que se utilizan palabras, gestos, expresiones, etc., esto siempre será primordial al momento de querer dar por entendido el planteamiento.

Aquí te voy a presentar seis estrategias para que puedas utilizar al momento de querer entender a tu pareja.

1- Expresa lo que necesitas. El hecho de poder conocer de sus propias palabras, que es aquello que le hace feliz a cada uno, cuáles son las necesidades e intereses, es algo que va a beneficiar mucho el trabajo en equipo para que cada quien alcance lo que tiene en mente. Déjame decirte que esta estrategia implica los deseos de ambos. Tú manifiestas tus necesidades y el otro por igual, para que cada uno sepa cuál es la inquietud de la pareja.

Deben acudir juntos a una habitación, donde se perciba un ambiente agradable, que tengan privacidad, solo ustedes dos. Hagan el acuerdo de escuchar con atención y sin interrumpir al expositor.

En este caso se tomarán solo 5 necesidades, las cuales pueden ser gustos, intereses, etc., deben ser estas completamente personales, no implica lo que puedan sentir o gustarle a los demás, pues de esto es que se trata este ejercicio.

Luego de haberlas escrito, es el momento, por turno, de leerlas en voz alta. Es aquí donde se pondrá de manifiesto por orden de prioridad aquellos anhelos que existen dentro de la relación, pero que tal vez solo estaban en la mente del interesado, así que ya solo es cuestión de tiempo para que exista la cooperación mutua.

Estas 5 cosas anotadas, deben ser el reflejo de lo que tu pareja puede hacer para que tú alcances un mayor nivel de felicidad.

No debe haber espacio para la crítica ni el cuestionamiento por parte de ninguno. Si esto llegara a ocurrir, debes saber que entonces hay otros tipos de problemas dentro de la relación, los cuales no se han atendido, y están exigiendo su resolución.

2- Escucha sin hablar. Aunque parece muy elemental, a la gran mayoría de las personas les cuesta mucho poner cuidado por completo a alguien que tenga una conversación con este. O interrumpe para preguntar o quiere llegar a anteponer sus historias por delante del interlocutor.

Es común escuchar la opinión tanto de hombres como de mujeres quejándose, donde manifiestan su inconformidad con respecto a la atención que reciben de sus parejas cuando entablan un intercambio de palabras.

3- Valorar el momento de la conversación. Todos los días debe existir algún momento para poder intercambiar ideas. La conversación en la pareja debe realizarse de manera constante, debe sacarse el tiempo necesario y no llegar a menospreciar el momento. Pues allí es donde se puede dar inicio a graves problemas.

Si crees que el tiempo es escaso debido a los tantos compromisos existentes, de ambas partes, deben los dos hacer el esfuerzo para lograr ubicar esos minutos todos los días, ya sea al momento de ir a dormir, al levantarse, en la hora del almuerzo, etc.

4- Lo que pienses dilo. Expresa siempre que sientas o pienses algo positivo, así sea una idea, siempre es bueno poder transmitir todo lo que esté pasando en nuestro interior y que por supuesto no vaya a causar ningún malestar al otro.

5- En momentos de diferencias es mejor esperar. Si por alguna razón ocurren diferencias, es mejor esperar a que los ánimos hayan bajado para tocar el tema. Discutir o querer aclarar situaciones en estado alterado, no soluciona nada. Debes tener claro que lo mejor es ni siquiera hablar cuando se está molesto, se dicen cosas que luego de arrepentido igual no se van a poder recoger.

6- Cuando se agoten todos los recursos busca ayuda. Si sientes que no se puede llegar a una conciliación, que no se aprecia interés por una de las partes para poder resolver algunas diferencias, lo mejor es entonces buscar ayuda de un profesional, que les reste un servicio de orientación y asesoría.

Existe un método terapéutico llamado "Imago", que precisamente se basa en mejorar el proceso de comunicación en las parejas. Te lo recomiendo que lo tomes en consideración si ves que existe en tu relación un problema similar.

Este proceso terapéutico se fundamenta en hacer que hay un expositor de alguna temática y luego el otro debe realizar un resumen de lo hablado, con la finalidad de que el primero apruebe o rectifique.

La terapia "Imago" tiene su principal finalidad de unir a las parejas cuando exista falta de entendimiento, por lo general discusiones excesivas, motivadas a la distorsión del mensaje o a la falta de interés, en el mismo, que existe dentro de la relación.

Esta consta de tres pasos, te los describiré cada uno de forma muy breve:

- Primer paso. El espejo. El primero describirá una situación y como se siente, posteriormente el otro deberá exponer lo mismo, desde su perspectiva, como si tomara el lugar del primero.
- Segundo paso. La validación. Se propone que el que escucha debe ser capaz de entender por completo a su pareja. Anular por completo cualquier tipo de malentendido.
- Tercer paso. La empatía. Eliminar el egoísmo, es un proceso de aceptación del otro. Ubicar el lugar original del problema y atacarlo en equipo.

Esta estrategia puede llegar a parecer muy básica y sencilla, por lo general el problema se ubica en la falta de disposición de la pareja para aplicar la metodología.

5 consejos para aprender a escuchar a nuestra pareja

Te voy a dar 5 tips para que los tomes muy en cuenta al momento de querer saber interpretar mejor a tu pareja. Muchas veces se cae en el error por desconocimiento o por falta de atención en la situación, no porque ese sea nuestra intención, pues a nadie le va a gustar llevar una relación de pareja que se mantenga en un permanente conflicto.

Aprende a medir su temperatura emocional

Puedes preguntar constantemente como se siente, con un interés real, donde tu interés sea el de poder saber que emociones y sentimientos están pasando por el interior de tu pareja. Trata de enfocarte en como esta está pudiendo apreciar el entorno que lo rodea. Por lo menos una vez al día busca indagar como se encuentra esta persona.

Ecualízate

Esto consiste en buscar sintonizar con tu pareja, no buscar responsabilidades ni tratar de estimular alguna situación, se trata de entender realmente lo que sucede en esta, puedes hacer preguntas y debes saber escucharlas, solo ofrece consejos si te los piden.

Manifiesta tu entendimiento

La mejor manera de hacer una demostración de solidaridad es poder decir con tus propias palabras, como aprecias que se siente tu pareja. Dar a entender que tu preocupación y comprensión van más allá de lo que se pudiera esta imaginar. Manifiesta tu entendimiento y no ofrezcas sugerencias ni soluciones.

Aprende a ver todo lo que está presente

Muchas veces a pesar de que es visible la forma como esto ha afectado a nuestra pareja, esta se empeña en decir que no es así.

Por esto es muy importante saber lo que ocurre dentro de esta.

Aprendan a reducir el estrés conversando

Siempre deben predominar las palabras de entendimiento y comprensibilidad. Si a tu pareja algo la afecta, debes buscar la manera de aliviar esa carga, sabiendo entenderla y manifestando un apoyo sincero en lo que te comente. Las palabras que manifiesten una real convicción del asunto deben estar por encima de cualquier sugerencia o consejo.

CAPÍTULO 13. TEN EN MENTE TUS NECESIDADES

Uno de los aspectos que cambia notablemente cuando comenzamos a llevar una relación de pareja es que la manera en la que nosotros veníamos percibiendo nuestras necesidades, van cambiando. Esto se debe a la modificación que tiene lugar en nuestro ser, al momento de llegar a compartir con otra persona nuestra vida. Por lo tanto ese nivel de compenetración con una nueva visión, traen sus consecuencias también, las cuales debemos estar prestos para saber canalizar.

Algo que se puede llegar a convertir en un dolor de cabeza, es el poder diferenciar entre las necesidades de nuestra relación y las nuestras como individuo.

Como algo normal, nosotros pasamos a confiar en aquella persona como no lo hacíamos con los demás. Así poco a poco nuestra forma de ver nuestro entorno se va modificando.

Debemos estar claros que somos nosotros mismos quienes debemos atender nuestras necesidades, que todas nuestras experiencias vividas y conocimientos han sido unos acontecimientos muy propios.

¿Cómo llegamos nosotros a apreciar nuestras necesidades?

Cuando se inicia la relación de pareja, automáticamente hay necesidades propias que pasan a ser parte de la pareja, sin darnos cuenta se delegan estas a la responsabilidad de aquel.

Cuando por alguna razón estas expectativas no se cubren, entonces de inmediato se asume que esa persona está fallando, se busca presionar o se le da a entender lo mal que funciona la relación por su culpa.

Cuando en realidad quienes estamos ocasionando el conflicto somos nosotros mismos, por la distorsión de la realidad en la que hemos caído.

El problema en sí, radica en el hecho de no haber sido capaces de poder separar necesidades de pareja de aquellas individuales.

Debemos saber que una pareja viene a ser dos personas que se prestan un apoyo mutuo, donde la finalidad es lograr el crecimiento como un equipo y de la misma manera fomentar la evolución como persona.

Si llevamos una relación de pareja, hay que saber que nosotros también tenemos intereses y necesidades de manera individual, pues el hecho de que hayamos cambiado la forma de llevar nuestras vidas no quiere decir que sea así en su totalidad.

Lo que nosotros debemos estar muy claros es en saber poner límites a las responsabilidades de cada quien así como a sus necesidades y exigencias. No podemos estar poniéndole una carga adicional a nuestra pareja, solo por el hecho de no haber sabido interpretar de manera correcta los acontecimientos.

¿Cómo son nuestras necesidades cuando estamos solos?

Si estamos sin pareja, fácilmente podemos apreciar cuáles son nuestras necesidades y como debemos atenderlas. Aquí no existe el problema de que haya confusión, pues no hay a quien endosarle la responsabilidad de esta, ya que solo nosotros compartimos esa inquietud.

Algo con lo que se debe tener en consideración es con el hecho de que nosotros somos seres que nos dejamos llevar por las emociones de manera apasionada, por esta razón cuando aparece otra persona con la cual vayamos a compartir nuestro mundo, se crea la expectativa sobre aspectos que no son reales.

Lo primordial es haber elaborado un análisis real de la situación de cuáles son nuestras vulnerabilidades, para poder comprender nuestras necesidades. El que nosotros comentemos nuestras debilidades con nuestra pareja no tiene nada de malo, esto no nos hará menos persona. Debemos saber es que estas no se pueden compartir y solo nosotros debemos asumir ese compromiso.

¿Cuáles son tus necesidades dentro de la relación?

Los tipos de necesidades suelen ser distintas en todas las relaciones, si podemos señalar algunas como más complejas que otras, te podría decir que son las de tipo afectuoso y de atención, quizás tienen que ver por su origen y la complejidad de la formación de la personalidad como tal.

Es por esta razón que las intensidades en las mismas varían muy significativamente de una persona a otra. Estas se suelen presentar como inseguridad, sentimientos de falta de correspondencia, inconformidad con respecto al afecto recibido, etc.

Si esto te ocurre a ti, debes estar consciente que una de tus vulnerabilidades es la necesidad de afecto. Esto no es nada malo, solo que debes darle la respectiva importancia, así como saberla controlar.

Por ejemplo, cuando lleguen a surgir sentimientos de soledad, aun estando acompañado, de inseguridad a ser correspondido o temor a ser abandonado, esto no necesariamente tiene que ser verdad, puede ser lo correspondiente a tu formación. Puede que todo esté marchando bien en tu relación de pareja y tú sigas viendo acontecimientos y situaciones inexistentes.

La necesidad de atención proviene de la inseguridad generada por el afecto. Si estamos conscientes de que es parte de nuestra vulnerabilidad, proveniente de eventos acontecidos en el pasado, que de alguna manera dejaron ese tipo de huellas en nuestra personalidad, seremos capaces de poder reducir su efecto.

Saber comunicárselo a nuestra pareja siempre servirá de apoyo, pues la mejor manera y más efectiva es que sea tratada esta necesidad dentro de la relación, con mucho cariño, comprobando con hechos del pasado la falsa percepción de nuestro entorno

Las necesidades emocionales de la pareja y el control sobre nosotros

Si nosotros llegamos a tomar la determinación de colocar delante de nuestras inquietudes, las necesidades de la pareja, estaríamos cometiendo un grave error que tarde o temprano llegaríamos a pagar, según haya sido el nivel de nuestra compenetración.

Para empezar debemos saber que una relación es de dos personas, por lo tanto lo que tú entregues, lógicamente debería ser lo que recibas. No puede darse el caso de una persona solo dando y el otro solo recibiendo.

Por otra parte vuelvo a señalar que solo nosotros podemos asumir nuestra propia carga, no cederla a nuestra pareja solo por un estado de nuestra percepción.

Cuando en la vida aparecen personas que se entregan por completo a una relación, poniendo todas las exigencias de esta por delante de las propias, sin importar lo que pueda recibir a cambio, prácticamente en una entrega total, al final va a sentir derrumbada su autoestima y sentirá que todas sus expectativas con respecto a la relación de pareja se ha ido por la borda.

Queda comprobado que la duración y estabilidad de una relación es cuando de manera recíproca se entiende y atiende las necesidades de cada uno, por parte del otro. Existe una aceptación de lo que aquel está requiriendo y se llega a compartir el mecanismo para su logro.

No debemos descuidar nuestras necesidades

Las relaciones de pareja en realidad son complejas, debido a la unión de dos personas con orígenes diferentes, no existe una fórmula mágica que pueda hacer que estas sean duraderas a través del tiempo, pues son tantos los factores que envuelven y que deben ser canalizados de una manera donde no se lleguen a anteponer los intereses de uno por sobre los del otro.

La satisfacción plena del individuo cuando se convive de esta forma, se da con la atención sincera por parte de su pareja, donde todas sus expectativas sean cubiertas. En lo que este también debe estar claro es que esa misma actitud debe tenerla con el otro, es la manera como todo funciona en armonía.

Saber entender y de la misma manera transmitir lo que queremos que el otro tenga claro sobre nosotros, saber darnos a entender. Darle a conocer que es lo que esperamos del otro, que se sepa que no todo es dar pues también hay que recibir para que toda la relación pueda estar en equilibrio y así garantizar la consolidación de la misma.

CAPÍTULO 14.
SABER PERDONAR

Pedir perdón y saber perdonar son una parte del proceso evolutivo de toda relación. Siempre por alguna razón podemos llegar a caer en una situación que de alguna manera llegue a afectar a la otra persona, cuando se está consciente de lo que ha sucedido lo más conveniente es buscar la rectificación y de la misma manera expresarlo con palabras.

Muchas personas ven esto como un acto de debilidad, el solo hecho de llegar a pensar que tienen que pedir perdón les descompone su estado de ánimo, al final no lo hacen, siempre encuentran una excusa. Es más hay unos que hasta hacen gastos y dedican un gran esfuerzo para poder expresar su sentimiento de arrepentimiento, pero llegar a expresarlo en palabras nunca lo hacen.

En esto también tiene mucho que ver la formación en el hogar, pues la manera de que alguien sea más flexible que otro a la hora de poder aceptar el perdón o de pedirlo, también lleva esa calificación según sus creencias familiares.

Existen personas que desde su hogar materno se les inculca que quien hay fallado, según la falta, no puede ser perdonado. Por ejemplo, en una situación de pareja donde uno de los integrantes ha cometido infidelidad.

Lo he podido apreciar, como aquel hombre que fue descubierto en el único acto de adulterio, a pesar de haberse redimido, nunca se le perdonó su falta, por parte de su pareja, incluso hasta se llegó a echar por la borda los años de unión, hijos en la relación, con todas las demás consecuencias que esto arrastro consigo. Puede apreciarse en esta situación que era algo que provenía de su crianza, los integrantes de aquel núcleo familiar nunca iban a tolerar acciones de infidelidad para con los miembros de dicho grupo.

¿Por qué a algunos les cuesta pedir perdón?

Estas son personas a las que les cuesta separar sus acciones de su personalidad, por lo tanto cada vez que se vean cuestionados en este sentido, por su pareja, lo tomarán a ese nivel. Llegando a considerarlo como un ataque directo a su autoestima, por esta razón siempre evitarán tener que pedir perdón.

Principalmente las acciones que estos llegan a evadir son los siguientes:

- Les preocupa tener que recomponer su imagen. Si llegan a aceptar que han cometido alguna falta, su imagen se verá enormemente afectada, por lo tanto posterior a esto tendrán que hacer un gran esfuerzo para poder resarcir el daño causado a su persona.
- Tendrá que asumir culpas pasadas. Llegarán a pensar que si aceptan la falta cometida, de la misma manera se le podrá cuestionar por otras acciones del pasado, teniendo que aceptar también su responsabilidad.
- Por tener una visión del mundo del tipo polarizada. Como piensan que las respuestas intermedias no existen, que: se es culpable o no, entonces si llega a aceptar su responsabilidad en alguna falta, su pareja aprovechara de anexarle en su haber los errores cometidos también por esta.

Como puedes darte cuenta, a la persona que no tiene por costumbre pedir perdón, se le puede predecir que en ningún momento lo harán. Aquí no existe el que lo haga una vez y otra no, simplemente porque es un patrón que ya existe programado en su interior, a lo cual ya este le dio un significado y una interpretación, la cual no va a modificar si no hay una razón suficientemente de peso para esto.

¿Por qué a algunas personas no les gusta perdonar?

El concepto erróneo de lo que significa perdonar es lo que lleva a algunas personas a resistirse a aplicarlo. Pudiendo estos establecer en su interior que cuando se le da el perdón a alguien se le está dando la razón por lo que hizo, de la misma manera que llegan a pensar que estos tendrán la oportunidad de seguirlo haciendo por el solo hecho de haberles perdonado.

A rasgos generales estos podían ser los motivos principales por los que una persona actúa de esta manera.

Por qué no perdonamos:

- Por el hecho de recordar en otras situaciones, lo acontecido. Cada vez que cualquier aspecto de la rutina diaria le hace recordar lo acontecido, esta persona entrará en cólera y no querrá perdonar al que faltó.
- Para tratar de tomar represalias hacia nuestra pareja. Cuando la actitud rencorosa y vengativa tenga predominancia en su personalidad, no va a querer aceptar el perdón, pues estará esperando a la primera señal que aparezca para cobrarle a la otra persona el mal causado.
- Para poder seguir sintiéndonos fuertes. Cuando se sienten débiles de personalidad si llegan a perdonar, entonces en esta situación no perdonan para poder seguir sintiéndose fuertes.

Cuando ves las razones que impulsan este tipo de actitud, puedes darte cuenta de que todo parte de un enfoque errado de la vida. Su tendencia es a ver las cosas como ellos las han grabado en su mente, sin dar oportunidad alguna al cambio, se aferran por completo a sus creencias.

¿Cuáles son los efectos por no perdonar?

El guardarse para uno la opción de perdonar, para no hacerlo, también trae consigo efectos adversos para la persona. No existe la posibilidad de que haya ocurrido alguna situación, donde un integrante de la relación haya cometido alguna falta hacia la otra persona, luego de tantos sentimientos encontrados, el que faltó pida perdón y no se le conceda y todo siga igual, pues no es así, si no se considera lo que está sucediendo, esto va a traer efectos secundarios.

Estos vendrían a ser las consecuencias, posibles y más frecuentes, con las que tendría que llegar a lidiar la persona cuando no perdone a su pareja:

- La persona se convierte en esclava de los acontecimientos. Tendrá que seguir cargando con el peso de la situación en su ser.
- Se acumulan los rencores. Poco a poco irá guardando toda esa cantidad de eventos negativos, los cuales podrán hacer su aparición en el momento menos esperado.
- Siguen experimentándose sentimientos negativos. Cada vez aparecerán esos sentimientos en contra de la persona que ha faltado.

Perdonar es algo más complejo de lo que nosotros podemos llegar a pensar, si no tomamos en cuenta todos los elementos que llegan a involucrarse, podemos caer en los errores que arriba he mencionado.

La mejor manera de pedir perdón

Tratar de enmendar una situación donde tú te veas involucrado como infractor, también tiene sus condiciones, estas no están escritas, pero se sobreentienden, y la manera de que puedas lograr el objetivo, que es el hecho de ser perdonado, es si llegas a tener en consideración los siguientes aspectos:

- Manifiesta arrepentimiento verdadero.
- Habla sobre lo acontecido.
- Asume tu responsabilidad.
- Empatiza.
- Subsana el daño causado.
- No exijas el perdón.

Si te pones a analizar, no es nada complejo el hacer bien las cosas para que todo funcione y salga como debe ser. Si el arrepentimiento es sincero y existe un verdadero interés en que la relación crezca, no deberían existir limitaciones en cuanto al esfuerzo que hay que dedicarle a la situación.

Lo que dice la Universidad de Harvard acerca del perdón

Es interesante poder saber lo que los estudios científicos han encontrado a lo largo del tiempo en sus investigaciones sobre el perdón.

Aunque muchos lleguen a pensar que estas prestigiosas casa de estudio no han llegado a dedicar recursos en este tipo de actitudes, pues déjame decirte, que con lo extenso que es hoy en día el alcance de las diversas carreras universitarias, cada vez es más la información de diversas temáticas, donde se han podido realizar estudios muy interesantes, que al final nos traen unos grandiosos resultados que nosotros también podemos utilizar a nuestro favor.

La siguiente referencia la saqué del artículo "Perdonar es bueno para la salud mental a largo plazo, según estudio de Harvard":

> "Según un estudio realizado en la Universidad de Harvard y dirigido por Katelyn Long, el perdón tiene un efecto muy positivo en la salud mental a largo plazo. Los autores mencionan que abordar nuestros rencores y dejar atrás el resentimiento nos permite ser mentalmente más saludables y más felices. Estos resultados confirman las conclusiones a las que han llegado una infinidad de estudios similares. La tolerancia, el perdón y la empatía son factores que contribuyen a mejorar el bienestar emocional y mental.

> *El perdón es bueno para la psique*

> *Los científicos analizaron los datos de un estudio a gran escala realizado con 54.703 enfermeras, a las que se les hicieron varias preguntas sobre sus comportamientos cotidianos y su salud. Una de ellas era señalar con qué frecuencia habían perdonado a otras personas por motivos religiosos o espirituales. Esto, se comparó con las respuestas que dieron sobre su bienestar.*

> *Los resultados mostraron que las personas que solían perdonar se sentían más felices y tenían una mejor salud mental. Las perso-*

nas que mencionaron no poder perdonar mostraron síntomas de depresión, de ansiedad y niveles bajos de satisfacción con su vida.

Otra de las conclusiones a las que llegaron los científicos fue que a las personas mentalmente más estables les resulta más fácil perdonar que quienes sufren de problemas emocionales o mentales. Sin embargo, los autores afirman que el perdón tiene un efecto positivo en la psique, y no al revés.

El psicólogo Mathias Allemand, de la Universidad de Zurich, quien no participó del estudio, mencionó que las preguntas iban dirigidas hacia el perdón por motivos religiosos o espirituales. Por ese motivo, no queda claro el papel que juega el perdón por sí mismo y además, perdonar por motivos religiosos no supone hacer una autorreflexión.

Las diferencias de edad en el perdón

Hasta el momento han sido publicados muy diversos estudios sobre el efecto que tiene el perdón sobre la psique, así como sobre las características del perdón en general. Uno de ellos, dirigido por Allemand, evaluó las diferencias del perdón en las distintas edades.

Dicho estudio se basó en la Teoría de la Selectividad Socioemocional. La hipótesis es que con el envejecimiento, las personas se sienten motivadas a mejorar su experiencia emocional y analizar el significado de sus vivencias. Los adultos mayores son más selectivos en general, ya sea con las situaciones, así como con sus relaciones.

Esta es también acorde a la paradoja del bienestar en la vejez. Mientras que la vida suele tener eventos más negativos (enferme-dades, fallecimiento de familiares y amigos, etc.), con la vejez, los niveles de bienestar se mantienen o aumentan, pero no decaen.

El estudio de Allemand mostró que los adultos mayores están más dispuestos a perdonar que

los adultos más jóvenes. La proximidad social no jugó un papel relevante en el acto de perdonar de los mayores, mientras que los más jóvenes tenían más facilidad para perdonar a sus amigos.

Escalas FOO y FOS para medir el perdón

La importancia que tiene el perdón para la salud mental

se desprende de la gran bibliografía existente. Los psicólogos incluso han desarrollado escalas para medir el perdón hacia uno mismo y hacia los demás.

La escala FOO (Forgiveness of Self) mide el perdón hacia uno mismo, mientras que la escala FOS (Forgiveness of Others) determina el grado de perdón hacia los demás. Estas escalas se utilizan para muestrear los trastornos de la personalidad.

Los estudios muestran que los déficits, tanto en FOO como en FOS, se relacionan con una mayor psicopatología, como baja autoestima, depresión y trastornos de ansiedad. Incluso, es posible que un individuo pueda perdonar a los demás con facilidad (fuerte en FOO), pero le sea muy difícil perdonarse a sí mismo (débil en FOS), lo cual genera una gran carga emocional negativa, e infelicidad.

El perdón a sí mismo versus amor propio

El perdón a sí mismo es otro de los temas a los cuales los psicólogos le otorgan una alta relevancia para el bienestar mental, pero mencionan la necesidad de diferenciarlo del perdón intrapersonal, lo que podría llamarse amor hacia uno mismo.

De la misma forma, el perdón hacia los demás es una forma de amor propio. Las personas que perdonan no solamente reducen sus respuestas negativas porque son malas para otros, sino en procura de un mayor cuidado hacia sus experiencias personales.

La infidelidad es lo más difícil de perdonar

Un estudio sobre el perdón ante la transgresión, mostró que las personas empáticas que suelen perdonar se muestran más motivadas para reaccionar con comportamientos muy positivos. Pero la dificultad radica en el objeto de perdón.

Hay algunas transgresiones que a las personas les cuesta olvidar. El principal es la infidelidad, la que es más difícil de perdonar para las mujeres, quienes muestran sentimientos más negativos, menos empatía y mayor dependencia -en esos casos- que los hombres."

CAPÍTULO 15. REÍROS EL UNO CON EL OTRO

Cuando existe amor en una pareja, se puede apreciar el nivel de felicidad que estos presentan cuando están juntos, la risa es un factor que demuestra la alegría que sienten por estar uno al lado del otro.

Eric Bressler, de la Universidad McMaster de Canadá, pudo comprobar que el 62% de las mujeres se inclinan por aquellos hombres que las hacen reír, de la misma manera se pudo determinar que el 65% de los hombres prefieren a las mujeres a las que hacen reír con sus historias.

La risa es un síntoma de que una pareja mantiene una relación muy sana y activa, este es un indicativo de que la misma funciona bien, cuando dos personas comparten y ríen juntas es la manera más palpable de que la comunicación y los sentimientos fluyen por igual en ambos sentidos.

El efecto que causa la risa en la pareja proviene del nivel de integración e intimidad que esta causa en la pareja, por el hecho de que algún evento ha motivado de manera simultánea una reacción de alegría, demuestra la compenetración existente entre los que manifiestan esa actitud de agrado y exaltación.

Esta es una de las claves cuando se quiera bajar los niveles de intensidad generados por el estrés y las actividades cotidianas que generan cansancio y fatiga. El saber darle ese toque de humor a la relación, cuando se conoce en ese sentido el gusto de la pareja, que le causa gracia y risas, va a servir de mucho apoyo.

Coincidir viendo los programas de TV que a tu pareja le hacen bien, es buscar estar en sintonía para generar ese estado de buen humor dentro de la relación, es algo que requiere de tu iniciativa.

Puede que no sea tu naturaleza, esto también llega a suceder, que seas más pasivo en este sentido, menos dado a las risas, pues si no acostumbraste a hacerlo estando solo, tal vez te cueste estando en pareja, pero por el bien de tu relación debes comenzar a practicarlo, los resultados serán de mucho provecho para ambos.

La risa fortalece la pareja

En cualquier tipo de relación, el buen humor es un ingrediente indispensable para su buen funcionamiento, principalmente por el efecto de fortalecer la unión entre una o más personas.

En el caso de una relación de pareja, te puedo mencionar 5 aspectos que nos dan a entender el por qué esta acción fortalece dicho vínculo.

1- Aumenta el atractivo. Aparte de que a una persona sonriente sea más fácil de recordar por su buen humor, también hay que destacar que las facciones en su rostro se hacen más amigables y transmite felicidad, lo que hace que atraiga más a las personas de su entorno, al generar confianza y cordialidad.

2- Fortalece la relación. Por el hecho de generar intimidad refuerza el vínculo de la pareja.

3- Genera mayor satisfacción. El profesor Pedro Quintín Quílez, sociólogo de la Universidad del Valle en Cali, en una investigación realizada pudo observar que el hecho de reír en pareja hace verlo como un trabajo en equipo, se denota la solidaridad y la identificación por un mismo interés, que es el causante de la gracia que motivó la risa.

Por esta misma razón es que cuando existe una pareja donde todo funciona a la perfección, esta lo va a reflejar con el buen humor que se aprecia cuando los dos estén juntos.

4- Modera los conflictos. En un estudio del International Association for Relationship Research, se llegó a publicar que cuando una pareja ríe constantemente, significa que tiene altas probabilidades de perdurar a través del tiempo.

De la misma forma se pudo comprobar lo contrario, esta vez por parte de la psicóloga Laura Kurtz de la Universidad de Carolina del Norte, donde esta llegó a manifestar que cuando una pareja tenía problemas para reír de forma real y espontánea, era un indicio de que las cosas no estaban bien, esto lo hemos podido nosotros apreciar en casos de la vida real.

5- Favorece la fertilidad. En investigaciones que se realizaron tanto por el Centro Médico Assaf Harofeh de Tel Aviv en Israel, como por Courtney Denning-Johnson Lynch, directora de Epidemiología Reproductiva en el Center Médico Wexner de la Universidad del Estado de Ohio, pudieron determinar que la risa favorece a la fecundidad, principalmente por su efecto reductor del estrés, que es uno de los causantes de efectos negativos para que ocurra el embarazo.

10 maneras para reír con tu pareja

Es bien sabido que uno de los rasgos del optimismo es precisamente la risa, cuando en una persona hay plenitud y se tiene la mente puesta en el futuro de una manera positiva, la risa nunca falta, hay motivos para estar contento. Esto mismo es lo que sucede en una pareja con grandes proyecciones y llena de positivismo.

Para que siempre haya una relación en armonía se debe considerar el sacar tiempo dentro de la agenda de cada quien y disponerse a reír juntos, donde se pueda apreciar la felicidad dentro de la relación. Te daré 10 consejos para que los consideres al momento de querer mantener el buen humor dentro de la relación:

- Ver comedias. Ofrécete para compartir con tu pareja en momentos libres y así poder disfrutar de aquellos programas cómicos de TV, donde ambos puedan reír y charlar un rato sobre la temática en cuestión.
- Monólogos. Estos se pueden ubicar en lugares de esparcimiento como clubes, donde se presentan personas con la finalidad de hacer reír a la audiencia presente, puedes ponerte de acuerdo con tu pareja y salir a apreciar de un buen show.
- Chistes. Trata de improvisar con algún cuento gracioso o un chiste, nunca está de más sacarle una sonrisa a tu pareja con cierta frecuencia.
- Desdramatiza los acontecimientos. Existen situaciones las cuales en vez de tomarlas muy a pecho, podemos llegar a restarle fuerza a sus efectos negativos, al darle una tonalidad graciosa, ya sea con alguna similitud o con la incorporación de alguna historia graciosa.
- El buen humor se contagia. Aprovecha este principio pues es cierto, esto lo hemos podido apreciar cuando en alguna reunión un grupo siente algo gracioso y ríen solos, luego al prolongarse su estado de ánimo comprobarás que todos estarán riendo. Esto lo puedes uti-

lizar a tu favor, haciendo que tu pareja se contagie de tu buen humor.

- Planifica actividades que generen risa. Tú mismo puedes ser el promotor de eventos donde predomine el buen humor y las risas, ya sea una reunión en familia, una pequeña fiesta o cualquier acontecimiento que sirva para realizar alguna presentación de algún personaje que los haga reír.

- Relaciona humor con inteligencia. La risa se vincula con la inteligencia, uno de estas afirmaciones se basan en el buen sentido del humor en aquellos personajes resaltantes de la historia debido a su gran capacidad de razonar, como por ejemplo Albert Einstein. Por otra parte también se ha llegado a comprobar que la risa estimula el pensamiento creativo. Así que este es otro motivo para fomentar la risa en tu pareja.

- Sonríe mucho. Una sonrisa es la mejor carta de presentación que puedes llegar a tener, hasta se ha llegado a asegurar por especialistas, que esta es un reductor del envejecimiento en las personas, tanto a nivel físico como mental.

- Practica cualquier deporte en pareja. Si existe una buena compenetración y todo funciona de manera óptima dentro de la relación, el que se dediquen en algunos lapsos de tiempo a compartir actividades deportivas, también la risa será parte de esos eventos.

- El buen humor resuelve conflictos. Cuando existe un ambiente donde predomine el buen humor y las risas, va a ser prácticamente imposible que algún factor externo vaya a opacar ese estado de felicidad permanente.

Si te das cuenta de que tomar la iniciativa para lograr alcanzar un buen estado de ánimo y mucho humor dentro de la relación, pues quiero que sepas que actualmente existen terapias de risa, las cuales te van a ayudar a relajarte y poder cambiar la percepción de tu entorno, o el de tu pareja, utilizando esta metodología.

CAPÍTULO 16.
COMPRENSIÓN

Para llegar a amar de verdad tenemos que saber comprender. No se puede llegar a hablar de amor cuando solo se aprecia en la relación reproches y molestias por parte de uno de los integrantes de la relación, o en el peor de los casos por ambos.

Las fallas en la comunicación primordialmente son las que llegan a generar este tipo de problema. Muchas personas no terminan de aceptarlo y de entenderlo. Llegan a vivir por tanto tiempo de esta manera que se hace algo normal, cuando en realidad dista mucho de eso.

Cuando se ha llegado a este nivel, el enfoque de cada uno se hace con base en lo que no le gusta del otro. En vez de ellos aportar algo para poder finiquitar esta situación, siguen avocados en cambiar al otro, a amoldarlos a sus gustos, no a ceder y buscar que haya un consenso para que entre los dos le busquen la solución al problema.

El enemigo número uno de la relación, en este sentido, pasa a ser el hecho de que demos por enterado de todo lo que pasa en nuestro interior a nuestra pareja, cuando nunca se llegó a tocar ningún tema al respecto.

Si nos causa molestia, el que esta persona no se comporte igual que nosotros, ni como lo esperamos, el problema radica en nuestro interior, no en nuestra pareja.

Pon en orden tus pensamientos

Para nosotros llegar a comprender a nuestra pareja primero debemos poner orden en nosotros mismos, en nuestros pensamientos e ideas. Es sumamente difícil llegar a querer entender e interpretar a nuestro semejante cuando estamos llenos de dudas a nivel interno de nosotros mismos.

Es aquí donde debemos hacer un alto y reflexionar el tiempo que sea necesario, realizar un análisis completo y hacer una evaluación acerca de que nos motiva y que nos limita, con respecto a nuestro comportamiento. Poder identificar debilidades y fortalezas en nosotros, para poder luego hacer lo mismo con la relación como tal.

Llegar a tratar de ver lo que ocurre con otro tipo de perspectiva, donde se busque encontrar un porque a lo que acontece dentro de nuestra relación, con nuestra pareja, sin antes haber resuelto nuestros propios dilemas, estaríamos cayendo en un fracaso completo, no se podría tener una apreciación real de lo que acontece.

Del amor sincero nace la comprensión

Si nosotros llegamos a colocar al amor en primer lugar, nosotros estaríamos haciendo prevalecer la tolerancia y la comprensión. Es algo muy normal que cuando se inicia una relación esta comienza con muchas expectativas del uno hacia el otro.

Siempre y cuando no se le dé cabida a sentimientos egoístas, como los celos por ejemplo, a medida que vayan compenetrándose estas dos personas, la relación irá madurando y por ende la adaptación será lo más armoniosa y equilibrada posible.

Principalmente debemos tener claros que a partir del momento en que se decide compartir nuestra existencia con otra persona, debe hacerse una aceptación plena de esta. Si dejamos de lado nuestros intereses personales, con la finalidad de buscar la evolución como pareja, no tendríamos problema alguno en aceptar al otro con su propia personalidad y diferencias con respecto a nosotros mismos.

Entiende a tu pareja

Al haber nosotros aclarados cuales son los motivos que accionan nuestro comportamiento, podemos hacer la respectiva acción de interpretar a nuestra pareja. El llegar a saber con precisión cuáles son sus sueños, temores, necesidades así como su manera de comunicarse, porque hace lo que hace. Si tú puedes lograr descifrar su personalidad y temperamento, puedes servir como apoyo para reforzar sus actitudes positivas y colaborar para vencer sus debilidades, esta es la idea de un trabajo en equipo y eso es lo que representa la relación de pareja.

La comprensión mutua

Al tocar este aspecto el psicólogo Paul Tournier, hace sus recomendaciones con respecto al conocimiento adquirido de una persona sobre la otra, que no se hace nada si este aprendizaje se guarda, la idea es de saberlo usar en pro de la relación como tal.

Que al haber tomado la iniciativa por saber qué es lo que estimula la personalidad del otro, usar estos elementos para solidificar la relación. Al principio esto va a requerir un gran esfuerzo de tu parte, luego se irá compensando dicha labor, con los conocimientos que se adquirirán.

10 tips para mejorar la comprensión en la pareja

La comprensión dentro de una relación de pareja es y siempre será compleja, esta es una labor que debe desarrollarse entre las dos partes involucradas, llegar a creer que se puede llegar a manejar de otra forma, es estar apoyándose en una falsa creencia. Para ayudarte a tener una visión de lo que acontece en el entorno de tu relación, te dejo aquí estas 10 recomendaciones, las cuales a su vez fueron propuestas por profesionales en el área de la orientación de pareja.

1- Discutir no es igual a pelear. Discutir hace que nos conozcamos mejor, siempre y cuando esto se haga con respeto. Debe verse como algo positivo la aclaratoria con respecto a los puntos de vista que puedan surgir en un intercambio de criterios de este tipo.

2- Respeta el espacio ajeno. Así como es de suma importancia el tener tiempo para compartir en pareja, el saber dejar espacio para que tu pareja pueda mantener su equilibrio como persona.

3- Se debe hablar de los problemas. Lo que suceda dentro de la relación que se llegue a considerar como adversidad, debe hablarse entre los dos. Se debe compartir aquello que nos incomoda, utilizando la educación y el respeto.

4- El fondo y la forma. Saber expresar cualquier idea, información o pensamiento está ligado con la forma como lo hagamos, muchas veces no es el mensaje en sí el que puede llegar a causar molestias sino más bien la forma como lo decimos.

5- Escucha activa. Si ponemos especial atención a lo que nuestra pareja nos está manifestando, daremos a entender el nivel de importancia que le estamos dando al asunto que se ha expuesto, esto finalmente favorecerá la solución del mismo.

6- Comunicación no verbal. La parte afectiva necesita que sea estimulada con contacto físico, este muchas veces llega a ser más importante que las palabras. Un abrazo o una caricia dice mucho sobre lo que sientes.

7- Trabajo en equipo. Una relación de pareja es un equipo de trabajo, por lo tanto las acciones que fortalezcan el vínculo son responsabilidades de ambos.

8- Detecta la causa de tu molestia. Cuando sientas que no estas a gusto con algo, pero aún no has podido determinar qué es eso que te afecta, debes enfocarte en el asunto y detectar el problema, es la manera como puedes darle solución sin permitir que esto afecte en algún momento tu relación de pareja.

9- No traer problemas externos a la relación. Los acontecimientos que ocurran fuera de nuestra relación, no tiene por qué traerlos a colación dentro de esta. Problemas laborales, de la familia de origen o de cualquier otro grupo ajeno a nuestra pareja no debe empañar el buen funcionamiento de esta.

10- Enfocarse en el tema en discusión. Cuando sea el caso que estemos involucrados en alguna discusión de pareja, el traer como recuerdo otras situaciones, también adversas, solo aumentará el nivel de la disputa.

CAPÍTULO 17.
ACEPTAR DEFECTOS
Y VIRTUDES

Formalizar una relación de pareja de la noche a la mañana no es conveniente, la gran mayoría de este tipo de vínculos se rompe debido a la falta de compenetración que de un momento a otro no pudo llegar a consolidarse.

Debemos entender que para que una pareja evolucione de una manera acertada debe existir la aceptación mutua y esto no llega a ocurrir si no se conocen bien ambas personas. Todos los seres humanos tenemos defectos y diferencias, por esto deben considerarse las mismas para poder determinar que las mismas se pueden llegar a sobrellevar.

La aceptación no puede verse como un acto de tolerancia incondicional, no es esto, deben existir reglas y parámetros los cuales deben cumplirse.

Al hacer referencia a este término lo hago con el enfoque en aquellos aspectos que nos hacen ser diferentes, las características que llegan a ser únicas para cada uno de nosotros y que no afecta para nada la relación como tal ni a nuestra pareja de manera individual.

Para nosotros poder ofrecer estabilidad en una relación debemos aprender a convivir con aquella persona que llego a nuestra vida con una formación de hogar distinta a la nuestra, una visualización del entorno muy distinto a lo que nosotros hemos percibido, es aquí donde ambos deben poder mostrar transparencia en su forma de pensar y saber transmitirlo, para que cada quien ajuste su criterio a la forma de actuar del otro.

En muchas ocasiones lo que hacen las personas es que para evitar tener que aceptar esa forma de ser, tan distinta a la suya, es desde el inicio tratar de condicionar a la personalidad de la pareja a su forma de crianza, así evita tener que lidiar con comportamientos no usuales dentro de su contexto.

En este caso lo que hace es generar más conflicto, ya que aquel no será fácil de moldearlo y comienzan las diferencias. Saber aceptar los errores del otro, así como sus defectos, nos hará aceptar de la misma forma el arrepentimiento y el perdón cuando este sea necesario.

Por ende, si tu actitud es de apertura, para aceptar la manera de ser de tu compañero dentro de la relación, estarás brindando la misma opción para ser aceptado de la misma forma.

Debes convencerte de que no eres solo tú quien debe pasar por esta situación, tu pareja también tendrá el mismo dilema, por lo tanto, las diferencias de personalidades son en ambos sentidos.

Primeramente, el aceptar que todos tenemos un pasado, así que lo que nos queda es abrir nuestra mente y corazón para aceptar lo que la vida nos regala con esta maravillosa experiencia.

Aprende a ver los defectos de tu pareja en otra perspectiva

Cuando se trate de hacer una evaluación de los defectos de tu pareja, debes primeramente entender que es ella misma quien debe querer cambiar para mejor, que esto no está en tus manos y que debes poner mucha atención en como pretendas atender dicha situación.

Tal vez se caiga en descalificaciones o en actitudes chantajistas, es lo que usualmente se aplica, esto debes saber que es un error. Al aceptar nosotros un compromiso con otra persona debemos saber que esto ocurrirá más adelante.

Tal vez por estar comenzando la relación se hagan más grandes las virtudes y se minimicen los defectos, cuando pasa el tiempo van saliendo a flote aquellas características y cualidades que no habíamos querido ver, allí comienzan los problemas.

Este tipo de situación debe manejarse muy inteligentemente para que no vaya a deteriorar la relación algo que no tenía la relevancia e importancia que se le llegó a dar en su momento.

Te voy a dar tres formas de ver los defectos de tu pareja, para que cambies tu apreciación y puedas sacar un beneficio en lo que acontece:

1- Oportunidad de aprender algo sobre ti. Muchas veces ocurre, que lo que más molesta del otro es porque de alguna manera está involucrado con nosotros mismos.

De alguna manera aquello que nos hace salir de nuestras casillas tiene que ver con algún aspecto nuestro al que tal vez le estemos dando el trato inadecuado.

Cuando por ejemplo nos reprimimos por hacer algo que nos gusta, con la finalidad de agradar al otro y luego nos damos cuenta de que nuestra pareja no tiene la misma dedicación en ese sentido, entonces nos ponemos alterados por esta situación.

Lo que debemos saber es que tenemos que dar en la misma cantidad que estaremos recibiendo. No buscar nuestro sacrificio por intentar hacer mejor nuestra relación de pareja.

2- Oportunidad para aumentar la tolerancia a las diferencias. Debes aprender que por el solo hecho de que tu pareja tenga una costumbre distinta de hacer las cosas, esto no implica que sea un defecto.

Así como lo he venido exponiendo a lo largo del contenido de este texto, somos dos personas distintas, por lo tanto las metodologías de hacer las cosas, las creencias, educación y valores han sido diferentes en todos los sentidos.

Si llegas a tomar esto en consideración, podrás entender que cuando tu pareja realice algo como no estés acostumbrado a hacerlo, evalúa si realmente aquello trae algún inconveniente o si esa actitud afecta de alguna manera la relación, si no es así entonces no tiene sentido desgastarse por aquello.

3- Oportunidad para ser más positivo. Trata de no maximizar el problema que puede llegar a generar alguna situación creada por tu pareja, muchas veces esto ocurre y le damos un valor por encima del que le correspondía.

Cambiar el "no soporto" por "es molesto pero soportable". Lo mejor es que cuando caigas en tu evaluación mental de aquellos defectos de tu pareja, también coloques sus virtudes.

CAPÍTULO 18. MANTENER VIVA LA LLAMA

Cuando se da inicio a una relación es algo común que exista mucha ilusión y felicidad, a medida que va transcurriendo el tiempo existe la tendencia a desgastarse ese amor si no se toman las debidas precauciones para que esto no suceda.

A pesar de no ser nada complejo, el adoptar una costumbre donde se mantenga una actitud de crecimiento hacia la relación se llega a pasar por alto, esta se llega a obviar debido a la rutina de la vida misma, los acontecimientos externos que nos quitan la atención sobre este aspecto que para nosotros es muy importante y a veces lo colocamos en un segundo plano.

Para lograr mantener viva esa llama del amor, te daré estos 5 tips:

1- Admira y causa admiración. El trabajo de las dos personas que conforman una pareja radica en hacer que esta se mantenga a través del tiempo. Al inicio la atracción consiste en una serie de factores que involucran una gran cantidad de aspectos personales, los que hacen que nuestras emociones se activen cada vez que esta persona este junto a nosotros.

Luego de esto van pasando los años y los tiempos van cambiando, la manera de hacer que ese entusiasmo se mantenga es hacer que aquella admiración inicialmente surgida, siga ejerciendo el mismo efecto sobre cada uno dentro de la relación.

Aquellos rasgos que te hicieron resaltar delante de tu pareja, debe seguir activos, pues es lo que el otro quiere seguir viendo. Lo mismo debes tu decirle a esa persona que amas, cuanta admiración sientes por él, por esas cualidades que lo hacen ser único.

Deben hablar sobre el tema, intercambiar ideas al respecto, puede que por el pasar del tiempo algunas de esas facultades se hayan disminuido, pues igual debe activarse en otro sentido, pero que en esencia evoque aquellas características que los hicieron resaltar sobre los demás en un momento determinado.

2- Disfruta el sexo. El sexo se hizo para disfrutarlo de manera plena, para dar y sentir placer de forma simultánea. Debe ser llevado el mismo sin ningún tipo de tabúes, donde ambos sientan la compenetración del acto como tal.

Que sepas compartir tu cuerpo y aprovechar lo que te proporciona tu pareja. Ten en cuenta que es el amor el constante estímulo que hace de ese momento un rato muy especial.

La comunicación sigue siendo un factor determinante en esta actividad, saber cuáles son las expectativas de cada quien, con la finalidad de poder encontrar la máxima satisfacción del acto en sí.

3- Fabriquen historias para contar. Los recuerdos de eventos que marcaron la diferencia con respecto a otros acontecimientos, le darán ese toque mágico a la relación. Imagina una navidad, los dos solos sentados frente a una chimenea y recuerden un viaje por esta misma época a otro país, que rían juntos, compartan sus anécdotas, es una experiencia maravillosa.

Necesariamente no tiene por qué ser algo costoso, ni sofisticado, los límites y las condiciones las ponen ustedes mismos. En lo que si deben coincidir es en salir de la rutina con frecuencia, realizar actividades fuera de agenda cada vez que se pueda, es la manera como se pueda seguir creciendo en pareja y mantener siempre viva la llama del amor.

4- Trabajen por objetivos comunes. El trazarse objetivos en común y trabajar por ellos, haciendo una planificación acertada de los próximos pasos en dar, es algo que mantendrá el compromiso dentro de la relación.

Que cada uno sepa que hay una responsabilidad por cumplir con la finalidad de poder alcanzar unas metas por el bien de la pareja. Este tipo de acciones llevan a generar un dinamismo en la forma de apreciar nuestro entorno, cada vez que podamos visualizar nuestro futuro juntos, podemos darnos cuenta de los cambios que están por venir gracias a la iniciativa tomada por ti y por tu pareja.

5- Sean felizmente independientes. El saber ser feliz de manera independiente debe ser vista como un apoyo a la relación como tal, así muchas veces cueste comprenderlo, el hecho de que una relación esté compuesta por dos personas, también se debe comprender que para que exista el amor y la felicidad dentro de la relación de pareja, cada uno de sus integrantes debe ser feliz como individuo.

No podemos llegar a pensar en tener una pareja feliz cuando uno de los dos no transmita felicidad por sí solo.

CAPÍTULO 19. HACER COSAS EN PAREJA

Me pareció muy interesante el artículo que escribió Academia del Amor en su reportaje "142 cosas para hacer en pareja", la verdad que aquí prácticamente se toma en consideración todos los detalles, para que se puedan realizar una gran cantidad de actividades en pareja, independientemente del tiempo y del dinero disponible.

Las hay para todos los gustos y edades, no tiene límites en casi ningún sentido, solo la disponibilidad de la que tú y tu pareja tengan para el momento:

*"**COSAS PARA HACER EN PAREJA Y SALIR DE LA RUTINA***
- *Empiecen en un gimnasio juntos.*
- *Salgan de fiesta y vuelvan a casa, a altas horas de la madrugada.*
- *Practiquen alguna actividad deportiva extrema (puenting, parapente, paracaidismo, escalar, etc.).*
- *Compren pinturas que sean aptas para el cuerpo, sin ninguna toxicidad, y dibujen cada uno sobre el lienzo que será el cuerpo del otro.*
- *Vayan a un café tranquilo para conversar.*
- *Decoren juntos el interior de la casa.*
- *Viajen a una ciudad cercana como si fueran turistas, cojan*

un mapa y pregunten por lugares de interés para verlos. Visiten museos, cenen en algún restaurante ¡y vayan a alguna disco! Esto es muy positivo para la relación, y si lo dudas revisa los beneficios de viajar en pareja

- Escojan varias películas que no han visto y no quieren ver, hagan un sorteo con números ¡y vean la que les toque en suerte!

- Visiten un sex shop y prueben cosas nuevas que agregarán algo de picardía a las relaciones íntimas.

- Alquilen un auto clásico y recorran la ciudad o hagan una prueba de conducción en un concesionario con un auto muy caro, como si fueran a comprarlo.

- Vayan a un lugar donde puedan jugar en paintball, busquen amigos que jueguen con ustedes para divertirse más.

- Escojan un día de la semana o el mes y hagan que sea diferente a todos los anteriores. Cada vez que sea viernes, por ejemplo, o día 15 del mes, ¡hagan algo totalmente nuevo!

- Pasa por su trabajo a la hora de almuerzo y salgan a almorzar juntos a un lugar especial.

- Hagan un viaje largo por carretera los dos solos.

- Celebren un "no cumpleaños". Vayan a un restaurante y pídanle al mesero que les traiga el especial de cumpleaños porque están de aniversario o alguno de los dos cumple ese día. Celebren su amor.

- Intercambien la lista de cosas por hacer y cumplan la mayor cantidad de cosas posibles de la lista del otro.

- Vayan a una librería y elijan un libro para el otro. ¡Lo deben leer!

- Váyanse de viaje sin decirle nada a nadie, en secreto. Si no tienes idea de dónde ir, consulta el texto Viajar con tu pareja utilizando Airbnb y obtén un cupón de descuento.

COSAS QUE PUEDES HACER CON TU PAREJA LOS FINES DE SEMANA

- Cocinen juntos alguna receta especial o la cena.
- Hagan un maratón de la serie que más les guste a los dos, o

la que esté de moda y no hayan visto.

- *Bañen al perro (si tienen) y sáquenlo a dar un paseo por el parque.*
- *Hagan un tour de museos.*
- *Hagan una cápsula del tiempo de la relación y entiérrenla en un lugar para rescatarla cuando pasen 10 años.*
- *Reserven en algún hotel cercano y pasen todo el fin de semana solos. Esto además puedes hacerlo en una fecha especial, descubre cómo pasar un San Valentín inolvidable.*
- *Preparen una cena donde la mayoría de alimentos sean afrodisíacos (incluye mariscos, frutos secos, chocolate, etc.).*
- *Hagan un recorrido por los lugares en los que nunca han entrado pero que siempre han pasado cerca.*
- *Esperen el atardecer y disfrútenlo acompañados de una buena botella de vino.*
- *Hagan senderismo o monten en bici en las mañanas.*
- *Reserven un spa para dos y dense un día de masajes en pareja. Esto es ideal para celebrar un día especial de cumpleaños o aniversario. Prueba además con estas ideas románticas para San Valentín*
- *Tengan una noche de películas, con palomitas y todo.*
- *Vayan a la playa y construyan castillos de arena, luego hagan un concurso y que los desconocidos voten cuál de los dos les gustó más.*
- *Preparen un spa casero, con velas, música, aromas, baño y masajes ¡y disfruten todo el día de la sensación de relajación!*
- *Si quieres saber cómo realizar un spa en casa y consentirte en pareja, conoce algunos consejos en clarin.com*

COSAS PARA HACER EN PAREJA SIN GASTAR DINERO

- *Siéntense a la orilla de algún lago con los pies metidos en el agua.*
- *Conversen toda la noche.*
- *Cultiven una planta entre los dos, o creen todo un jardín*

y prometan ocuparse ambos de su cuidado y embelleci-miento.

- *Elijan el mismo libro y léanlo los dos, o intercambien el libro que cada uno esté leyendo.*
- *Hagan un picnic en la cama.*
- *Siéntense a mirar las estrellas.*
- *Jueguen en las hojas caídas de los árboles en otoño.*
- *Cambien la distribución de los muebles de la casa, apliquen alguna técnica de organización y orientación de las energías como el feng shui (te puede ser muy útil Feng shui para el amor).*
- *Salgan a caminar y a pasar la tarde a cualquier parque natural cercano, y hacer un picnic con la merienda o el almuerzo.*
- *Escríbanse una carta de amor aunque estén juntos y díganse todo lo que no se atreven a decir de frente.*
- *Hagan un striptease al otro.*
- *Aprendan a hacer cualquier cosa nueva vía online, como dar masajes, cocinar, bailar, etc.*
- *Vayan a un lugar lleno de gente, observen con detenimiento a cada personaje para luego recrearlo en casa o donde no los vea dicha persona, ya que no se trata de hacer sentir mal a nadie.*
- *Cumplan una fantasía sexual del otro.*
- *Vuelvan a ser niños otra vez: construyan un cometa con sus propias manos y vayan a volarlo al parque.*
- *Hagan un video juntos y súbanlo a YouTube.*
- *Preparen un baño de espuma y métanse los dos en la bañera para disfrutar de un relajante spa casero.*
- *Vean un amanecer desde la azotea de la casa o cualquier lugar cercano.*
- *Hagan una caminata nocturna y conversen de ustedes.*
- *Paseen descalzos por la orilla de la playa o por un sendero en el campo, tomados de la mano y disfrutando de la compañía del otro.*
- *Busquen fotos viejas que el otro no haya visto, ¡y cuenten*

historias!

- *Hagan ejercicio juntos en casa.*
- *Pasen una tarde o parte de la noche viendo películas al aire libre.*
- *Hagan un retrato o caricatura del otro ¡y cuélguenlo después en algún sitio en casa!*
- *Participen en alguna actividad comunitaria solidaria o contribuyan con alguna ONG, sociedad protectora de animales o plantas.*
- *Dale un masaje en casa (recuerda que primero debes aprender a hacerlo, pues no querrás lastimarlo). Luego que él haga lo mismo por ti.*
- *Pongan música clásica bien alto y déjense llevar en el disfrute del sonido.*
- *Compartan las tareas domésticas, limpien la casa los dos juntos.*
- *Hagan alguna manualidad para decorar la casa en la que vivan o para regalársela a alguien.*
- *Hazle una lista de música y que él te haga una a ti para que la escuchen en el móvil durante el día.*
- *Den un paseo para ver las decoraciones navideñas o de la fecha en la que estén, o simplemente los adornos y promociones que tengan en las calles los diferentes negocios.*
- *Vayan a un concierto o festival al aire libre.*
- *Hagan una limpieza a fondo del armario y saquen toda la ropa que ya no se ponen y dónenla, si es posible cuenten alguna anécdota relacionada con cada prenda.*
- *Abran el refrigerador y hagan un platillo con las cosas que encuentren dentro, ¡inventen recetas nuevas!*
- *Hagan una sesión de selfies bonitos por separado, y en pareja mientras recorren la ciudad.*
- *Utilicen globos llenos de agua, pistolitas de agua, mangueras, cubos ¡todo vale!*
- *Disfruten los juegos de mesa, de computadora, online o en play, ¡todo en pareja!*

IDEAS DIVERTIDAS PARA COMPARTIR EN PAREJA

- *Salgan a mojarse en la lluvia, caminar y besarse sin importar que se estén empapando.*
- *Practiquen patinaje sobre hielo.*
- *Adopten una mascota entre los dos.*
- *Hagan un juego de roles para motivar la intimidad, valen los disfraces y también interpretar personajes e historias.*
- *Aprende los hobbies de tu pareja y él los tuyos.*
- *Salgan a la calle un día vestidos igual, con el mismo color.*
- *Hagan una fogata al aire libre.*
- *Hagan el amor en un lugar público, claro, sin que los puedan ver.*
- *Enseña a tu pareja a hacer algo que desconoce, como bailar o hacer globos con la goma de mascar.*
- *Vayan a pasear y en medio de la calle llena de personas armen todo un espectáculo como si estuvieran rompiendo la relación, no se salgan de su personaje y salgan de allí por separado para reencontrarse en otro sitio y reír de las expresiones de la gente. Sería ideal que pudieran grabar en video lo que sucedió.*
- *Hagan un espectáculo propio para el otro donde representen algún texto al azar o planificado y donde puedan improvisar.*
- *Hagan una batalla de barro después de la lluvia, o una de bolas de nieve después de una nevada.*
- *Hazle un regalo y ponle pistas para que lo encuentre y que él te haga lo mismo a ti.*
- *Despierten y háganle al otro todo, como si necesitara toda la ayuda, desde vestirlo hasta lavarle los dientes o darle la comida.*
- *Aprendan a hacer origami.*
- *Hagan unas vacaciones falsas y publiquen las fotos en Facebook para ver la reacción de la gente.*
- *Háganse un tatuaje juntos, en un lugar que solo lo vean ustedes; si no se atreven con uno permanente prueben uno*

temporal.

- *Monten a caballo.*
- *Salgan en un viaje sin rumbo, en carretera o caminando, no establezcan itinerarios y paren solo cuando necesiten comer, ir al baño o disfrutar del paisaje y hacer fotos. Esto es muy bueno para ambos, investiga y descubre los beneficios que trae viajar con tu pareja para fortalecer la relación.*
- *Aprendan a tocar algunas notas en un instrumento musical.*
- *Hagan una pelea de almohadas o de cosquillas.*
- *Jueguen cualquier juego de mesa ¡modalidad striptease!*
- *Vayan a escalar una montaña cercana.*
- *Inscríbanse en un curso de buceo.*
- *Vayan a un parque de atracciones.*
- *Busquen un lugar donde puedan nadar desnudos, como una piscina o un lago cercano.*
- *Vean un partido juntos de un deporte que desconozcan y hagan apuestas.*
- *Vayan a un espectáculo de fuegos artificiales.*
- *Probar un restaurante de comida autóctona de un país, una que nunca hayan probado.*
- *Hagan un puzzle o rompecabezas juntos.*
- *Aprendan un nuevo idioma juntos y hablen entre ustedes en este idioma para practicar.*
- *Compren pinturas y lienzo para pintar un cuadro los dos a la vez, y luego cuélguenlo en algún sitio visible en casa.*
- *Vayan a una fiesta y bailen muy pegaditos, ¡sin que importe quién los mira alrededor!*
- *Vayan a un lugar con karaoke ¡y dedíquense una canción!*

COSAS ROMÁNTICAS PARA HACER EN PAREJA

- *Cenen en un restaurante súper elegante que no conozcan.*
- *Dejen notas de amor escondidas por toda la casa para que el otro las encuentre.*
- *Devélale alguno de tus más íntimos secretos, esos que nadie*

sabe, solo tú, y que él haga lo mismo.

- *Planifiquen y preparen un viaje a un lugar exótico que siempre hayan querido ir ¡y viajen hasta allí en algún momento!*
- *Vayan al teatro o al cine.*
- *Dedíquense canciones en la radio.*
- *Busquen a un sobrino, primo o familiar cercano que sea pequeño y llévenlo solos a pasear, sin los padres del niño, ¡así practicarán para ser futuros padres!*
- *Vuelvan al lugar de la primera cita y traten de recrear lo que ocurrió ese día.*
- *Prepárale el desayuno y llévaselo a la cama con una flor y una nota muy romántica.*
- *Dense un beso bajo la luz de las estrellas y la luna como si nada existiera a su alrededor y como si el tiempo se hubiese detenido.*
- *Vayan a un estudio y háganse algunas fotos de pareja hermosas, profesionales, para enmarcarlas y colgarlas luego en casa.*
- *Duerman una apacible siesta vespertina los dos juntos, después de comer o de tener intimidad.*
- *Escriban una canción o poema para el otro.*
- *Pidan comida a domicilio y pasen todo el día en casa, en pijama.*
- *Dense una sesión de manicure y pedicure juntos.*
- *Báñense juntos, dándose un baño el uno al otro.*
- *Regálense flores y chocolates.*

COSAS PARA HACER EN PAREJA: IDEAS ORIGINALES

- *Tengan todo un día sin tecnología de ningún tipo, prueben aguantar sin mirar el móvil o el ordenador.*
- *Aprendan a decir "te amo" en otros idiomas y díganselo mutuamente.*
- *Acampen en una tienda de camping en la playa o el campo toda la noche.*
- *Hagan un tour gastronómico en la ciudad, visitando los*

mejores restaurantes y bares ¡y probando cosas nuevas!

- *Investiguen un poco e intenten establecer un récord Guinness ¡de cualquier cosa!*
- *Salgan a caminar por el campo y descubran las maravillas de la naturaleza. Pueden hacer lo mismo en la ciudad, descubriendo joyas arquitectónicas y lugares de interés patrimonial.*
- *Revisen su casa y saquen todo lo que no usen para una venta de jardín o una online.*
- *Hagan una lista de deseos o aspiraciones y entréguensela al otro para que les ayude a cumplirlas.*
- *Vístanse de manera adecuada, formal, y vayan a visitar las casas o propiedades en venta que haya cerca de allí, como si fueran los futuros compradores y estuvieran interesados.*
- *Aprendan a patinar.*
- *Practiquen yoga para parejas.*
- *Vuelvan a la ciudad natal de cada uno y muéstrensela al otro, o a la casa donde vivieron de pequeños, a la escuela o el parque en que jugaban.*
- *Tomen un curso en una academia de algo que los motive a los dos, ¡juntos a la escuela otra vez!*
- *Jueguen estas preguntas de verdad o reto para mi novio.*
- *Tengan una sesión de cine de terror.*
- *Hagan una barbacoa en la terraza o en el jardín.*
- *Vayan de compras.*
- *Hagan un álbum de fotos impresas de los dos, como el que tienen los abuelos.*
- *Inventen un día festivo solo para los dos y completamente nuevo y alejado de cualquiera de los aniversarios, San Valentín o cumpleaños. Celébrenlo cada año como el día especial que es y no lo pasen por alto.*
- *Construyan un fuerte hecho de mantas y muchas almohadas y pasen la noche entera allí dentro, como si fueran niños otra vez.*
- *Practiquen algún deporte juntos, de pareja o de grupo con los amigos.*

- *Vayan a una cata de vinos o de cervezas, de comida o cualquier otra cosa que haya que probar ¡gratis!"*[5]

CONCLUSIONES

Utilizar todas las herramientas que podamos encontrar a nuestro alcance para resolver algún acontecimiento de nuestras vidas siempre ha de ser nuestra actitud, es la de toda persona optimista. Más aún cuando se trata de un aspecto que llega a tener tanto peso en nuestras vidas como es la relación de pareja.

Es por esta razón precisamente que tú y que yo le dedicamos este tiempo para compartir los puntos aquí expuestos, la idea siempre es la de poder resolver cualquier eventualidad que venga a crear un ambiente hostil dentro de nuestra convivencia de pareja.

Prácticamente aquí pude tocar todos los elementos que, así como te pueden llegar a deteriorar un vínculo sentimental, también llegan estos a ser significativos para la evolución y perduración a través del tiempo del mismo.

Como lo comenté al inicio, en mi investigación me enfoqué en desarrollar todos los aspectos que afectan de una manera u otra, el buen desempeño de una relación de pareja. Precisamente aquellos términos que son más utilizados en aquellos que buscan algún tipo de ayuda y orientación.

Ahora, la pregunta que no respondí y que la dejé para el final ¿Qué sucede si luego de hacer todo lo que estaba a tu alcance no logras reponer tu relación?

Cuando se entra a un callejón sin salida, ya habiendo agotado todo lo que estaba disponible e incluso hasta la asesoría de un especialista en resolución de problemas de parejas y no se resuelve nada, lo mejor es terminar con todo, cerrar el capítulo y comenzar de nuevo.

Aunque pueda parecer algo cruel estas palabras, siempre lo mejor ante cualquier situación es la de concluir a tiempo cuando ya los indicios asoman que no se debe continuar. No se debe mantener una relación de pareja si ya se ha perdido el amor y por ende el respeto, llegar a pedir todo lo demás que involucra una situación de pareja pasa a ser una necedad, luego de que lo básico ya no existe.

Para una situación de estas también existe ayuda profesional, aquellos que te van a orientar para hacer la transición en esta etapa de tu vida a algo más tranquila y poder rehacerla de nuevo.

Lo que sucede en muchas ocasiones es que, debido al hecho de no querer romper con esa costumbre, dos personas deciden continuar atadas, llevando una vida cargada de incomodidad, molestias y falta de solidaridad por parte del otro. No dan cabida a otra relación que sea mejor que esta, pero tampoco terminan de arreglar la situación de su vida en pareja.

Eso por mencionarlo de una buena manera, pero ponte a pensar en todos aquellos casos de violencia doméstica, asuntos donde muchas veces se ven involucradas personas que nunca en su vida tuvieron señales de ser personas violentas y al final terminan en situaciones muy comprometedoras. Muchas de estas situaciones fueron propiciadas por casos de este tipo, relaciones sentimentales que terminaron, pero sus protagonistas nunca quisieron cerrar el ciclo.

Cuando una unión entre dos personas ha llegado al límite, lo mejor es terminar como amigos, cerrar todo lo pasado, dejar las discordias y el rencor a un lado y que cada quien siga su camino con quien dispongan estos más adelante.

Espero que hayas podido sacar el mayor provecho a mi exposición, cualquier intercambio de ideas u observación lo puedes hacer a través de mis redes sociales.

Contacto y redes sociales:

www.adriansalama.com
www.facebook.com/adriansalamaoficial
www.youtube.com/adriansalama
www.instagram.com/adriansalama

Visita mis podcast en Spotify, Apple podcast y google en @adriansalama

Mis otros libros en Amazon: https://www.amazon.com.mx/kindle-dbs/entity/author/B00YN75G0U?ref_=dbs_p_ebk_r00_abau_000000

REFERENCIAS

https://prevencionriesgosmatrimoniales.com/acepta-a-tu-pareja/

https://elpais.com/elpais/2020/03/16/buenavida/1584340360_096221.html

https://es.wikihow.com/ser-una-persona-abierta#:~:text=Este%20es%20un%20t%C3%A9rmino%20sin,con%20las%20personas%20%E2%80%9Ccerradas%E2%80%9D.

https://blog.elartedesabervivir.com/relacion-de-pareja-suegros-familia/

https://www.larazon.es/familia/cuando-la-intromision-de-la-suegra-rompe-un-matrimonio-OI19775218/

https://www.abc.es/sociedad/abci-psicologia-como-lograr-opinion-otros-no-afecte-201604180206_noticia.html?ref=https:%2F%2Fwww.google.com%2F

https://albertosardinas.com/como-evitar-que-un-tercero-se-meta-en-tu-relacion/

https://www.psicologoencasa.es/la-familia-de-mi-pareja/

https://quriosos.com/vida/realmente-necesitas-compartir-todo-con-tu-pareja/

https://www.vix.com/es/imj/2011/02/25/%C2%BFque-es-compartir-en-pareja

https://elcomercio.pe/viu/sexo-pareja/siete-cosas-debemos-aprender-compartir-nuestra-pareja-298450-noticia/

https://www.psicologia-online.com/como-solucionar-problemas-de-pareja-4188.html

https://www.hola.com/estar-bien/20180531124911/ejercicios-de-terapia-de-pareja/

https://www.lifeder.com/terapia-de-pareja/

https://www.matrimonio.com.co/articulos/trucos-para-una-relacion-en-pareja-con-exito--c4763
http://www.cop.es/colegiados/b-00085/escritos/historias/circulos.HTML
https://lamenteesmaravillosa.com/el-secreto-para-una-buena-comunicacion-de-pareja/

https://www.ryapsicologos.net/autoayuda/consejos-para-buena-comunicacion-de-pareja/

https://www.candelapoo.com/blog/la-individualidad-en-la-pareja

https://www.vix.com/es/imj/8814/como-mantener-la-individualidad-en-la-pareja

https://harmonia.la/relaciones/pareja/pequenos_cambios_en_tus_relaciones_que_te_ayudaran_a_mantener_tu_individualidad

https://mejorconsalud.as.com/la-importancia-del-espacio-personal-en-la-pareja/

https://franciscojaviergutierrez.com/descubre-el-lenguaje-del-amor-de-tu-pareja/

https://www.tupsicologia.com/como-recuperar-la-confianza-en-pareja/

https://www.psicomaster.es/terapia-de-pareja-ejercicios/

https://mejorconsalud.as.com/claves-respeto-relacion-de-pareja/

https://www.psicologosantacoloma.es/como-saber-si-tu-relacion-de-pareja-es-una-relacion-toxica/

https://quierocuidarme.dkvsalud.es/ocio-y-bienestar/perdonar-en-las-relaciones-de-pareja

https://selecciones.com.mx/pasos-para-escuchar-a-tu-pareja/

https://rolloid.net/los-3-pasos-de-la-terapia-imago-la-tecnica-que-vuelve-a-unir-las-parejas-con-las-que-dejan-de-discutir-para-siempre/

https://rolloid.net/los-3-pasos-de-la-terapia-imago-la-tecnica-que-vuelve-a-unir-las-parejas-con-las-que-dejan-de-discutir-para-siempre/

https://lamenteesmaravillosa.com/cuando-las-necesidades-emocionales-de-la-pareja-nos-controlan/

https://www.psicologos.com.co/articulos/las-bondades-de-reir-en-pareja

https://www.salud180.com/salud-dia-dia/por-que-es-muy-bueno-reir-en-pareja

http://www.lavidaenfamilia.com/como-comprender-a-mi-pareja/

https://www.eluniverso.com/larevista/2020/02/23/nota/7750869/10-recomendaciones-mejorar-comprension-pareja

https://lamenteesmaravillosa.com/el-amor-no-es-una-batalla-de-poder-sino-un-esfuerzo-por-comprender/

http://www.upsocl.com/mujer/lo-que-tienes-que-aceptar-si-quieres-que-tu-relacion-sea-duradera/

https://www.tupsicologia.com/defectos-de-la-pareja/

https://www.historiasparamujeres.com/mantener-viva-la-llama-del-amor/

[1] Hay que recordar que, en la educación de los hijos, la intención ayudarlos a que encajen en la sociedad y no sean rechazados.

[2] No se puede responsabilizar a la madre. Esta ha sido una observación que he tenido en los años que he trabajado tanto individualmente como con parejas.

[3] Al final guardarte para ti siempre no hará que la relación de pareja se desarrolle.

[4] En libros de negociación hay muchas técnicas efectivas que puedes usar para aprender para resolver de la mejor manera un conflicto.

[5] https://academiadelamor.com/cosas-para-hacer-en-pareja/

ACERCA DEL AUTOR

Dr. Adrián Salama

Su preparación profesional cuenta con una licenciatura
en psicología humanista, maestría en psi-coterapia
gestalt y doctorado en psicoterapia por la Universidad
Gestalt.

En su constante búsqueda de la salud mental, estudió
una especialista en adicciones y trastornos alimenticios
por el San Antonio Texas College, logrando así ser
miembro y expositor en la NADAC (National Association
of drug addictions counselors) y de TAAP (Texas
association of addiction professionals).

Se ha presentado en conferencias internacionales, abordando
diversos temas de salud mental.

Es miembro honorario de la Asociación de psicoterapia gestalt
de Perú y supervisor clínico de psicoterapeutas gestalt a nivel
Latinoamérica.

Ha participado nacionalmente, impartiendo conferencias con
el DIF en el programa Familias que aprenden.

En el ámbito empresarial ha trabajado como coach directivo en The CocaCola Company, Nestle, Grupo Salinas entre otros.

En su búsqueda constante por ayudar al mayor número de personas posibles, ha incursionado en las diferentes redes sociales, explicando y llevando a más de un millón
seguidores su conocimiento en salud mental. Buscando eliminar el tabú que existe al pedir ayuda psicológica.
Sus canales de Youtube y Tik Tok, tienen más 10 millones de visitas al mes en temas de salud mental, ansiedad, depresión e inteligencia emocional.

Uno de sus principales objetivos es lograr erradicar la ignorancia que hay detrás de la búsqueda de apoyo psicológico y que esta se convierta, en un referente de salud
pública a la que todos tengan acceso.

Cuenta con más de 16 años de experiencia psicoterapéutica y hoy es miembro del consejo directivo de aplicaciones para salud mental a distancia.

LIBROS DE ESTE AUTOR

Dios Sólo Quiere

¿Qué quiere Dios de nosotros(as)?
Esta pregunta es una de las incógnitas que más he escuchado durante mis sesiones terapéuticas. Por más de 20 años he estado en la búsqueda de una respuesta que no sólo ayude a mis pacientes, sino que lograra ayudarme a mi a entender la crisis espiritual que el mundo vivía.

¿Espiritualidad?
Dentro de mi formación como psicoterapeuta Gestalt, he estudiado desarrollo humano, teología y filosofía. La visión oriental del hombre y la mujer, fue la que me ayudó a abrir los ojos para así, poder dar sentido a muchas de las incógnitas con las que viví por años. Hoy te puedo hablar de una Espiritualidad Gestalt como una amalgama que da más sentido a una vida más consciente y con visión de unidad más que de ego.

¿Qué puedes esperar de este libro?
Reconectarte con tu espiritualidad
Entender que: todos somos importantes
Perdonarte y perdonar

De todo corazón espero que encuentres la paz que estás buscando.

Aténtamente

Dr. Adrián Salama

Recetas De Cocina Para Ser Feliz: Los Ingredientes Para El Éxito Personal

¿Existe una receta para la felicidad?

Hay una diferente para cada uno de nosotros, y el desafío personal es descubrir los ingredientes que hacen falta.

¿Cómo haremos para encontrarlos? Seguramente muchos de ellos todavía son desconocidos para nosotros.

En este libro, a través de situaciones que vive un cocinero principiante, se aprenden pautas para ver nuestra vida de otra manera. Se compone de una serie de historias con las que es muy fácil identificarse, relatadas con un sentido del humor que resulta muy agradable.

Es un texto sencillo de leer pero con un contenido muy profundo, en él se esboza una filosofía de vida que equilibra todos los aspectos (desde el físico hasta el mental sin dejar de pasar por el emocional) que influyen para que una persona disfrute de la vida.

El taoísmo, la Gestalt y otras corrientes del pensamiento universal hacen su aporte al texto para ayudarnos a adoptar diferentes puntos de vista de lo que nos pasa, y encontrar las soluciones.

En esta obra se tocan tópicos de filosofía, salud, nutrición, manejo de las emociones... Pero sobretodo se muestran las ventajas de vivir en el aquí ahora.

Las Enseñanzas De Mi Mejor Amiga: Una Historia De Pelos

Es momento de volver a aprender de la naturaleza

Cuántas veces tenemos frente a nosotros grandes oportunidades y no sabemos cómo aprovecharlas o simplemente ni las podemos observar.

Nuestras mascotas son grandes maestras en el arte de vivir una vida en el aquí y ahora y sobre todo en ser felices.

Este libro es para personas grandes y pequeñas que deseen:

- conocer más el poder que tienen innato
- Aprender a observar más la naturaleza que los rodea
- vivir en el aquí y ahora
- Aprender una filosofía a la felicidad

Este es un libro sencillo y fácil de leer. Con muchas anécdota que te harán reír y reflexionar.

Soy Potente. La Capacidad Habita En La Creencia

Es momento de mejorar tu relación con la riqueza

En este libro abordamos las mejores técnicas y estrategias para incrementar tu riqueza a través de métodos que han sido probados a lo largo del tiempo. Con lo mejor de la psicoterapia gestalt, así como con casos personales, todo el texto está desarrollado para que alcances el máximo de tu desarrollo personal.

Este libro es para personas que:

- Odian saber el poder que tienen y no saben cómo explotarlo

- Tienen un sueño y no saben cómo ponerlo en acción

- Han caído en crisis económicas y necesitan salir

- Tienen una gran idea y sólo necesitan la motivación

- Buscan mayor seguridad financiera

Si estas seguro(a) que deseas explotar el potencial que llevas dentro, este es el mejor momento para leer este libro. Es fácil de leer y con acciones rápidas de aplicar. ¿No esperes más? Adquiere tu versión en kindle o física hoy mismo

Piérdele El Miedo A Ellas: 77 Consejos Para Aumentar Tu Valor

¿Estas cansado de no saber cómo hablar con una chica? ¿Te paralizas cuando te acercas a la mujer de tus sueños?

Aquí tienes un libro que no tiene paja y se va directo al punto que a ti te interesa. Este es un libro para de una vez por todas, perder el miedo que le da a los hombres acercarse a las mujeres.

Con estos consejos podrás:

- Hablar con cualquier mujer

- Aumentar tu autoestima

- Crecer tu red social

- Aplicarlos desde el día 1

Ya no hay excusas para no poder estar con ella. Ya no hay excusas para estar solo. Empieza a leer ya este libro para aplicar los mejores consejos de los más grandes seductores del mundo, desde el día uno.